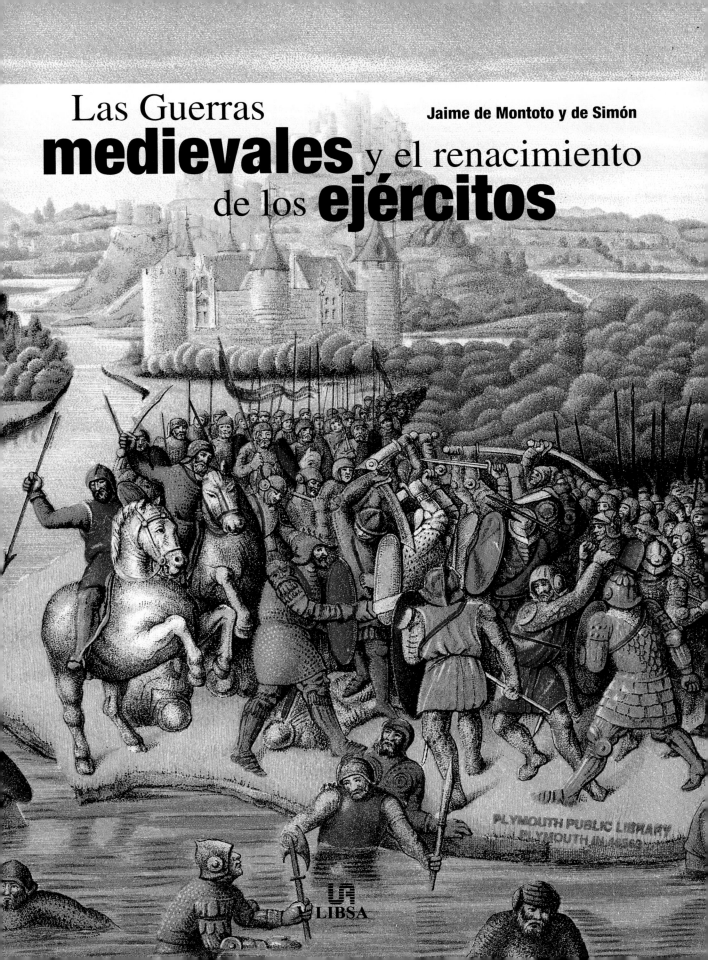

Las Guerras
medievales y el renacimiento
de los ejércitos

Jaime de Montoto y de Simón

LIBSA

*Representación de una máquina de guerra
antigua en una moneda de Roma.*

© 2017, Editorial LIBSA
C/ San Rafael, 4
28108 Alcobendas. Madrid
Tel. (34) 91 657 25 80
Fax (34) 91 657 25 83
e-mail: libsa@libsa.es
www.libsa.es

ISBN: 978-84-662-3337-8

TEXTOS: Jaime de Montoto y de Simón
EDICIÓN: equipo editorial LIBSA
DISEÑO DE CUBIERTA: equipo de diseño LIBSA
MAQUETACIÓN: Julián Casas y equipo de
maquetación LIBSA
DOCUMENTACIÓN Y FOTOGRAFÍAS:
Thinkstock.com, Shutterstock Images, 123
RF y archivo LIBSA

DL: M 25362-2016

Contenido

Armadura dorada antigua con
espadas y armamento tradicionales.

ET·VENERVNT

Detalle del tapiz de Bayeux (Francia) que representa la invasión normanda de Inglaterra en el siglo XI. Los caballeros sobre el caballo aparecen protegidos por armadura de cota de malla.

Presentación

Durante siglos, los ejércitos más o menos permanentes de la antigüedad habían perfeccionado el arte de la guerra, en sus diversas modalidades, aunque la verdadera revolución es el progreso que puede observarse desde los últimos ejércitos del Imperio Romano hasta los nuevos ejércitos del Renacimiento.

Los ejércitos permanentes desaparecen en Europa y se ven sustituídos por pequeñas mesnadas que solo se establecen por una temporada o para una campaña. Ni siquiera el gran imperio de Carlomagno dispone de suficientes tropas permanentes para mantener seguras sus fronteras y obliga a todos los señores a crear una red de fortificaciones.

A partir de la muerte de Carlomagno y las guerras entre sus hijos, los reyes disfrutan de una capacidad de mando débil y fraccionado. Algunos de los señores vasallos son más fuertes que su señor, ya que sus estados son más ricos y extensos que las propiedades de la corona.

Por estos motivos el arte de la fortificación se perfecciona y rápidamente Europa se puebla de pequeñas fortalezas que luego se convierten en magníficos castillos, que son por un lado una fortificación que protege una población y al mismo tiempo constituyen la vivienda de un señor, por lo que poco a poco una parte del castillo se refina y se convierte en un pequeño palacio fortificado.

LA CABALLERÍA FEUDAL

Para poder atender las crisis en una región más o menos alejada de la capital, la caballería adquiere cada vez más importancia. Solo las tropas montadas pueden acudir con suficiente rapidez a prestar ayuda a las pequeñas guarniciones asediadas en

Cromolitografía de un manuscrito iluminado en torno al siglo XV, que representa el peregrinaje con una ciudad amurallada de Oriente medio (Tebas).

alguna lejana fortaleza de la frontera. Además, la división del poder hace que los señores feudales se conviertan en combatientes a caballo, que pueden recorrer su feudo con una escolta de jinetes, para hacer sentir el peso de su autoridad en cualquier pequeña aldea. Los habitantes se saben así protegidos por su señor y también se sienten dominados por su «señor natural», que les exige contribuciones en dinero o en género, ordena que ayuden en las faenas agrícolas, y les puede obligar a tomar las armas para defender el feudo. Este servicio con las armas siempre es de corta duración y una mesnada de campesinos armados no es nunca un ejército permanente. En cambio las unidades de jinetes «profesionales» se convierten en permanentes y desarrollan unas armas y unas tácticas adecuadas como arma decisiva en las batallas.

LAS MILICIAS CIUDADANAS

Durante la Edad Media se agudiza la separación entre las clases sociales. La mayoría son siervos casi sin derechos, pero una parte pequeña aunque creciente de la población está constituída por hombres libres, con menos servidumbres y más poder económico que los vasallos de los señores. Estos hombres libres, artesanos de las grandes ciudades, o campesinos propietarios, se acercan al trono en algunos reinos como en Castilla, y así las milicias concejiles ayudan al rey a dominar a los grandes señores, ya que les defiende a ellos de los excesos de los señores feudales autoritarios. En Suiza o Flandes, estos hombres libres se asocian en milicias ciudadanas que se enfrentan a sus señores feudales y constituyen unidades de infantería que, poco a poco, adoptan los hábitos de disciplina, uniformidad, adiestramiento, y combate de forma ordenada y en equipo, que permiten a estos comuneros sobrevivir frente a la caballería de los señores. Así, la infantería recupera gradualmente su lugar como «reina de las batallas» y el Renacimiento es una época de del resurgir del Arte de la Guerra.

LA ARTILLERÍA MODERNA

Al final de la Edad Media aparece la artillería moderna: los cañones que lanzan balas redondas de piedra o de hierro impulsadas por la explosión de la pólvora. Dado el precio de estas primeras piezas de artillería, solo se la pueden costear los reyes y algunos grandes señores, como

los Duques de Borgoña. Así, la aparición de la artillería, que permite atacar a los castillos y fortalezas a distancia y derruirlos a cañonazos, ayuda a afirmar la autoridad real sobre los señores feudales y conforma la nueva estructura política de las grandes naciones europeas.

De este modo se cierra un periodo de retroceso en el Arte de la Guerra y esta serie de factores, llevan a la constitución de los ejércitos de los estados modernos, que combinan el uso de la infantería, la caballería, la artillería y los zapadores, confiriendo cada vez más poder a unos reyes absolutos. Estos, unidos a los progresos en la navegación y la construcción naval, permitieron a Europa expandirse durante más de cuatro siglos convirtiéndose en la dominadora de la Tierra.

Manuscrito iluminado con la representación de una cruenta batalla ante las puertas de una ciudad amurallada.

De Roma al Renacimiento

Antiguo bajorrelieve que representa la armadura, el uniforme y una enseña del soldado romano.

El fin del
Imperio Romano

La victoria final sobre Cartago le aseguró a Roma dos siglos más de conquistas ininterrumpidas, con sus consecuencias de paz, civilización y cultura. Esto se pudo cimentar sobre un ejército que siguió evolucionando para adaptarse a los enemigos exteriores; pero el gran cambio histórico fue que Roma entró en una época de guerras civiles, en las que se enfrentaron durante generaciones los dos partidos principales, al frente de ejércitos formados por ciudadanos romanos en ambos bandos.

LA REPÚBLICA ROMANA TRAS LAS GUERRAS MÉDICAS. GUERRAS CIVILES

Entre los años 88 y 70 a. C. los partidos aristocrático (*optimates*) y democrático (*populares*), encarnados respectivamente por Lucio Cornelio Sila y Cayo Mario, dos grandes generales, crearon casi 20 años de auténtico horror, con persecuciones injustas y ejecuciones en masa. Posteriormente, Cneo Pompeyo Magno y Cayo Julio César repitieron la terrible situación de guerra civil en Roma, aunque en algún momento se pusieron de acuerdo para repartirse el poder en Roma.

Pero entretanto, la legión romana siguió venciendo a los enemigos exteriores de Roma y consiguiendo grandes victorias, como las campañas de Mario contra Yugurta y de Sila contra Mitrídates o la conquista de las Galias por Julio César, y sobrevivió como el mejor cuerpo armado de su época, durante varios siglos más.

LA LEGIÓN ROMANA

Roma había heredado y asimilado gran cantidad de aspectos del arte militar de diversos pueblos.

Escudo de teselas de la ciudad de Roma que representa a Rómulo y Remo amamantados por la loba con la abreviatura SPQR (Senatus Populus que Romanus: Senado y pueblo romano).

En un principio, solo los ciudadanos romanos formaban parte del ejército, en el que estaban obligados a servir según sus riquezas. Los más pobres solo tenían que prestar servicios por un año, mientras que los más ricos tenían que prestar servicios durante 10 años, el llamado *cursus honorum*, que había que cumplimentar antes de poder presentarse como candidato a una magistratura o cargo superior; posteriormente se estableció que la realización con éxito de 10 campañas, aunque fuesen más cortas, podía ser suficiente para ejercer una magistratura.

> La legión romana es el modelo de tropa profesional perfecto; tanto, que le ayudó a conquistar todo el mundo conocido

Los romanos habían empezado asimilando la falange de Alejandro Magno para su infantería y la caballería de los bárbaros para organizar la suya; también aprovecharon las tropas ligeras de los pueblos aliados, como tropas auxiliares de las legiones.

Pero la gran obra de Roma fue el perfeccionamiento de la Legión, desarrollando al máximo las virtudes de la abnegación, la disciplina y el compañerismo, distribuyendo honores entre los simples soldados y creando el cuerpo de oficiales

Antiguo casco de la legión romana.

profesionales o *centuriones*, para promocionar a los soldados profesionales procedentes de la plebe. La legión como modelo de unidad militar sobrevivió durante más de ocho siglos porque se supo adaptar a las necesidades de cada campaña o de cada guerra, siendo un ejemplo de tropa profesional, aunque fuera de recluta forzosa.

LA REFORMA DE LA LEGIÓN POR MARIO (107 a. C.)

Cuando en el año 107 a. C. el senado encargó al cónsul Cayo Mario que dirigiera la guerra contra el rey africano Yugurta, Mario tuvo que resolver muchos problemas. Ante la dificultad para reclutar un ejército por el sistema tradicional establecido por las leyes en vigor, Mario tuvo que ampliar la base de reclutamiento incluso a los proletarios, que al carecer de bienes de fortuna, no tenían ni la obligación ni el derecho de incorporarse al ejército romano.

Como para ser soldado era necesario ser un propietario rural, aunque fuera de un predio mínimo, resultaba que el peso económico y demográfico de la guerra recaía sobre los campesinos propietarios. Cuando la guerra se prolongaba o una batalla costaba muchas vidas, muchas familias quedaban desatendidas y se resentía la economía de Roma, que era básicamente agrícola. Además, cada vez había más esclavos y menos campesinos propietarios, debido a que la tierra se acumulaba en manos de los grandes propietarios.

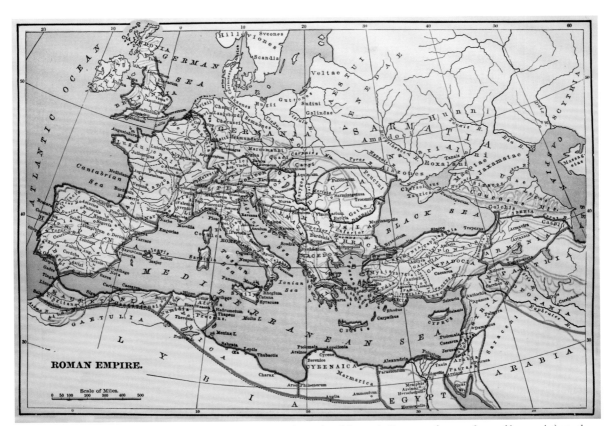

Mapa británico que representa todos los territorios que abarcaba el Imperio Romano (marcados en línea roja) en el momento de mayor esplendor.

Entonces Mario tuvo que ampliar aún más la base de reclutamiento, incluyendo a los ciudadanos que eran tan pobres que no tenían ni un trozo de tierra (*proletarii*). Al menos a estos no les preocupaba si se alargaba la guerra, puesto que vivirían de la soldada. Además Mario les prometió que, al licenciarse, conseguirían un trozo de tierra, con lo que lograrían un ascenso en el orden social que no podían obtener de otra manera. De este modo, proporcionó a Roma un ejército más numeroso y mejor, formado por profesionales bien adiestrados y dispuestos a luchar en campañas prolongadas y consecutivas.

A partir de la creación de cohortes que impuso Mario, la legión contaba con 6.000 hombres. Y su único símbolo era el águila de plata, que cambió a dorada en la época del imperio; este símbolo ayudó a desarrollar el espíritu de cuerpo entre los soldados. Para reforzarlo dentro de las unidades menores, los escudos de los soldados de cada cohorte eran de un color diferente. Julio César, heredero de la legión de Mario, dotó a cada manípulo de un estandarte; el estandarte del centro era el emblema de la legión.

Tetradracma de Mitrídates VI, rey de Ponto (120-63 a. C)

LAS CAMPAÑAS CONTRA MITRÍDATES, REY DEL PONTO

Sus virtudes y su duro y completo adiestramiento permitieron a la legión romana combatir en orden cerrado o abierto, según le conviniera, lo cual fue el asombro del ejército póntico de Mitrídates VI en Queronea. Allí fue donde los legionarios romanos demostraron que podían combatir

con tal separación entre ellos que un carro del ejército póntico podía pasar entre dos hileras sin desorganizarlas, ya que no necesitaban cobijarse en el escudo de su compañero. Mitrídates fue quizás el mayor enemigo de Roma después de Aníbal, ya que fue el único que consiguió dividir al senado romano, parte de cuyos miembros abogaron por firmar la paz con él, pensando que nunca le derrotarían definitivamente.

Mitrídates era persa por su sangre, religión e instrucción militar inicial, y era griego por su idioma, sus gustos y su amor por la cultura y civilización urbanas; quizás por eso supo asimilar lo que él consideró mejor de ambos mundos en el aspecto militar, creando un ejército muy variado, uniendo tipos de armas y unidades muy diferentes. Incluso fue capaz de conseguir que Sertorio le enviase instructores romanos para su ejército, que aprendió a luchar como los romanos.

LA COHORTE DE MARIO

Mario creó la cohorte, compuesta por tres manípulos (600 hombres). Cada legión estaba formada por 10 cohortes. Mario abandonó el principio de la diferencia de clases e hizó desaparecer la diferencia entre *hastati*, *princeps* y *triarii*; el armamento se igualó y todos los soldados recibieron el *pilum*; todos estaban equipados como un infante pesado. Por eso pudo organizar la legión en 10 cohortes idénticas, haciendo desaparecer la diferencia entre las tres líneas.

LOS ZAPADORES ROMANOS

La legión contaba con manteletes rodantes y unas galerías cubiertas sobre ruedas para los zapadores, denominadas *chelonia* o *testudo* (tortuga), que protegían a los soldados que se acercaban a las murallas; otras galerías estaban cubiertas de madera y pieles frescas y húmedas para repeler los productos incendiarios (*vineae*). También desarrollaron un cuerpo especializado de zapadores capaces de excavar túneles, que llamaban *cuniculi* (madrigueras de conejos), para poder entrar en las fortalezas por un camino subterráneo.

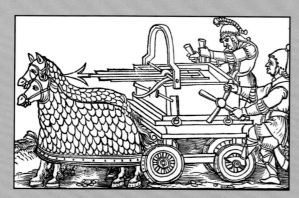

Tres litografías representando el arte de la guerra romano. Arriba, soldados romanos asaltando una fortaleza griega. En el centro, formación en tortuga de los romanos en el asalto a una fortaleza. Sobre estas líneas, dos soldados manejando una ballesta sobre un carro tirado por dos caballos cubiertos con su armadura protectora.

LAS MÁQUINAS DE GUERRA DEL IMPERIO ROMANO

Los ejércitos romanos tuvieron desde el principio una gran cantidad de máquinas de guerra destinadas tanto a la defensa como al sitio de las ciudades amuralladas, pero cuando este arte se perfeccionó más fue en la época del Imperio. Los romanos nunca desdeñaron aprovechar la tecnología de otras naciones cuando lo consideraban conveniente. Durante las Guerras Púnicas, los soldados romanos descubrieron las máquinas de guerra de origen griego, basadas en la torsión o la tensión de fibras, tendones, etc. El emperador Adriano fue el que más extendió el uso de las máquinas de guerra; en cambio fue el que suprimió definitivamente los elefantes de guerra, por considerarlos poco fiables.

En esta época la legión llevaba consigo 55 *balistas* montadas sobre ruedas y arrastradas por tiros de mulas. La balista podía lanzar dardos pesados u otro tipo de proyectiles. Los dardos que lanzaban perforaban las corazas más gruesas. Para manejar una balista se necesitaban seis hombres.

La maquinaría bélica estaba destinada tanto al asedio como a la defensa

Para completar esta especie de artillería, la legión disponía del *onagro* u *onager*, que recibe su nombre de una especie de asnos salvajes que lanzaban piedras al cocearlas con sus cascos traseros. El onagro lanzaba piedras con una especie de honda gigantesca; sus proyectiles describían una parábola parecida a las de los morteros actuales y tenían un alcance de unos 30 m. A veces llevaba delante un armazón de madera almohadillado para frenar la potencia del brazo del onagro. Era más un arma de sitio que de batalla. Su uso se introdujo en el ejército romano a principios de la época imperial y cada legión disponía de tres onagros.

Otro aparato parecido era el escorpión (*scorpio*). Un escorpión pesado iba arrastrado por bueyes; pero el escorpión ligero era una máquina tan liviana y sencilla que la podía manejar un solo hombre y se podía emplear en el campo de batalla, no solo en los sitios. Una legión solía tener un mínimo de 10 onagros, pero podía desplegar hasta 60 escorpiones ligeros en el campo de batalla; a menudo los empleaban como artillería móvil, que podía proporcionar un fuego de supresión a larga distancia; otras veces los utilizaban como baterías concentradas, asentándolos en un terreno elevado. Desde esta posición, los escorpiones de una sola legión podían lanzar hasta 240 proyectiles por minuto, con gran precisión y con alcances desde 90 hasta 360 m, según el tipo de *scorpio*.

Otras máquinas consistían en arietes de todos los tamaños, torres rodantes denominadas *ambulatorios*, *balistas* que podían lanzar piedras de 4'5 kg a más de 400 m y catapultas de sitio capaces de lanzar proyectiles enormes, entre otros, piedras de hasta 100 kg. En la época del emperador Trajano se desarrollaron las *carrobalistae*, que eran unas catapultas para lanzar flechas, montadas en carros tirados por dos mulas, lo cual les proporcionaba una gran movilidad. Para su funcionamiento se precisaba de una dotación de hasta ocho soldados. Cada legión llegó a tener hasta 50 o 60 catapultas de este tipo. Esta especie de artillería no dañaba las fortificaciones, excepto cuando se lanzaban proyectiles incendiarios, pero afectaba mucho al ejército enemigo.

Otros ingenios eran el *tollenon*, que era una viga empleada como larguero para acercar un gran cesto lleno de atacantes a la cima de las murallas, y el *corvus* demoledor, cuyos garfios arrancaban las almenas de las murallas enemigas.

Arriba, escena que presenta un tollenon *o larguero para acercar un gran cesto con los legionarios atacantes hasta la parte superior de la muralla enemiga. En el centro, soldados romanos asaltando una fortaleza con distintos tipos de armamento. Sobre estas líneas, romanos atacando con sus* pilum *una fortaleza bajo asedio.*

LA EXPANSIÓN Y DECADENCIA DEL IMPERIO ROMANO

Posteriormente, en la época imperial, las legiones de Roma siguieron expandiendo y defendiendo sus fronteras y consiguieron grandes victorias en algunas campañas, como la conquista de la Dacia (Rumanía) bajo el mandato de Trajano y Adriano. Aunque el Imperio Romano llegó a su cénit y luego empezó a declinar, su ejército fue capaz de mantenerse durante siglos como la fuerza armada más poderosa y más capaz de luchar contra cualquier tipo de enemigos. Cuando Roma empezó a decaer, las legiones asimilaron a los extranjeros, desde los galos, iberos o africanos, hasta los bárbaros que amenazaban las fronteras del noreste. Pero poco a poco el Imperio decayó y se resquebrajó, y los pueblos bárbaros penetraron en él, aunque muchos de ellos se romanizaron gradualmente. Por eso, cuando invadieron Europa otros pueblos más

salvajes y menos dispuestos a asimilar la herencia de Roma, como los hunos, la legión romana fue el núcleo que sirvió para agrupar a los más civilizados frente a las hordas procedentes de Asia Central.

LA BATALLA DE LOS CAMPOS CATALÁUNICOS (451)

En el año 411, los hunos, un grupo de tribus salvajes procedentes del Asia Central, chocaron con el mundo civilizado y atacaron las ciudades fronterizas del Imperio Romano de Oriente. Luego iniciaron su marcha hacia Occidente, conquistaron toda la Europa Central y, finalmente, su caudillo más fuerte y osado, Atila, se dirigió hacia Roma a través de las Galias al frente de un ejército que reunía

más de 70.000 hombres. El imperio estaba muy debilitado, pero su general Cayo Flavio Aecio, reunió a todas las legiones que pudo alistar y consiguió la alianza de los visigodos y su rey Teodoredo, los francos, los alanos y los borgoñones. Aecio, con su capacidad estratégica de maniobra y la ayuda de estos aliados, consiguió que Atila le presentase batalla en los Campos Cataláunicos, en un terreno conveniente para los romanos.

Aecio formó a su ejército, con la izquierda ocupada por el ejército propiamente romano, sólidamente apoyada en una colina; en el centro los alanos, de cuya fidelidad se desconfiaba, los borgoñones y los sajones; finalmente, a la derecha, apoyando su flanco en el río Marne, el rey Teodoredo con sus visigodos. Atila formó también su ejército en tres cuerpos: el ala derecha formada por sus aliados los hérulos y gépidos; el centro con los hunos; el ala izquierda con los ostrogodos, enemigos mortales de los visigodos a los que se enfrentaban directamente. Mientras los alanos

se derrumbaron ante el choque de la caballería de los hunos, los visigodos se lanzaron al ataque y arrollaron a los ostrogodos, aunque Teodoredo murió en la primera carga; pero los visigodos juraron vengarle, proclamaron rey a su hijo Turismundo, y reanudaron su ataque, arrollando definitivamente a los ostrogodos, que huyeron hacia su campamento. En vez de perseguirlos, los visigodos giraron para atacar de flanco a los hunos, con lo cual Atila tuvo que ordenar la retirada al grueso de su centro, que se había adelantado en persecución de los alanos. Todo el ejército de Atila tuvo entonces que retirarse a su campamento y así cayó la noche.

Al día siguiente, cuando Atila ya estaba dispuesto a inmolarse en una inmensa pira, con sus mujeres y tesoros, el ejército romano, asustado ante sus propias bajas de la batalla del día anterior, no se atrevió a asaltar el campamento huno y esperó a recibir refuerzos, con lo que Atila se decidió a simular un ataque y luego pudo retirarse rápidamente hacia el Rin sin ser perseguido. Esto demuestra cómo había decaído el ejército romano, que fue incapaz de atacar a un enemigo en retirada. Por eso Atila, cuando su ejército se recuperó, volvió a emprender la invasión de Italia en 453, llegando hasta las puertas de Roma.

LA EXPANSIÓN DEL IMPERIO ROMANO POR CASI TODO EL MUNDO CONOCIDO

Incluso cuando Roma desapareció, su legado pervivió en el Imperio Bizantino, cuyas tropas mantuvieron las fronteras del Imperio en Oriente durante siglos, evolucionando para adaptarse a las nuevas armas y nuevos enemigos, y sin desdeñar los grandes avances técnicos, como el *fuego griego*. Pero durante la Edad Media, la ciencia militar dio un salto atrás de más de 10 siglos. Solo con los cambios del Renacimiento, encarnados en los piqueros de las milicias ciudadanas suizas, los lansquenetes y las unidades de soldados profesionales del Gran Capitán, se inició también un verdadero renacimiento del arte militar, que ya no ha dejado de evolucionar para tecnificarse y modernizarse hasta nuestros días.

Fresco barroco sevillano del rey bárbaro Atila en el año 451 con el Papa León I ante las puertas de la ciudad italiana de Mantua.

Del **Feudalismo** a Bizancio

En la Edad Media no se perdió el Arte de la Guerra, que se preservó en el Imperio Bizantino, aunque no siguiera evolucionando al ritmo que había mantenido en el Creciente Fértil, en Grecia y Macedonia, en Cartago y en Roma. Pero en muchas naciones, la manera de hacer la guerra sufrió una clara regresión, debido, en gran parte, a que no existían buenos ejércitos permanentes, ni los grandes caudillos se mantenían al mando de un ejército permanente el suficiente tiempo. Solo algunos generales bizantinos dejaron sus memorias, que pocos reyes, condestables o grandes señores leyeron y asimilaron adecuadamente.

EL RETROCESO DEL ARTE DE LA GUERRA EN LA EDAD MEDIA

Tras el derrumbamiento de la organización política del Imperio Romano, aparece el Feudalismo. La sociedad se forma piramidalmente: del rey dependen los grandes señores, de estos (y a veces también del rey) dependen los pequeños señores y los caballeros; de los señores grandes y pequeños dependen los hombres libres y los siervos de su feudo, aunque también hay hombres libres y siervos que tienen al rey como señor del feudo en que viven o son habitantes de una población que depende de la corona según ciertas leyes (en Castilla, *fueros*) más o menos particulares de cada ciudad, villa o burgo, establecidas en el momento de la fundación de la ciudad o de la liberación (reconquista) de los musulmanes. El edicto de Mersen o Meersen, en 847, imponía a todos los hombres libres del reino la obligación de escoger también a un señor, que podía ser directamente el rey o cualquier otro señor propietario de tierras; habitualmente se escogía un personaje local, con cuya protección se podía contar inmediatamente. Así los hombres libres pasaron a ser

Mosaico bizantino con la imagen de un jinete. Cerámica libia.

vasallos y a los señores se les reconocieron derechos hereditarios. Poco a poco, los señores se adjudicaron derechos de soberanía (*mero* y *mixto imperio*) sobre los territorios que gobernaban y sus habitantes, suplantando así al poder real. Los señores viven en un castillo, con una pequeña guarnición o ejército personal, pero cuando quieren hacer la guerra a otro señor deben reunir y armar a parte de sus vasallos para formar su mesnada. Al principio los castillos no son más que una torre fortificada en lo alto de una colina, rodeada de una empalizada que abarca toda la colina. Luego los castillos se convierten en magníficos ejemplos de fortificaciones construidas de piedra, con grandes patios centrales dentro de los cuales se pueden refugiar todos los súbditos del señor, abandonando sus viviendas y campos, pero llevando consigo sus objetos más valiosos, sus provisiones y sus ganados.

EL EJÉRCITO FEUDAL

Los grandes reyes y emperadores no mantienen un ejército permanente, solamente algunas guarniciones en fortalezas importantes; cuando quieren entrar en campaña dependen de la leva de mesnadas temporales en los dominios reales, de la ayuda de los señores feudales (incluso los religiosos, como los obispos y abades) que levantan por el mismo sistema sus pequeños ejércitos, de las milicias concejiles de las ciudades y, sobre todo, de las tropas mercenarias, habitualmente tan caras de mantener que solo se las contrata para una campaña muy corta. Cuando el monarca convoca su hueste, los señores y las ciudades están obligados a proporcionarle tropas sin recibir dinero a cambio, pero solo durante un corto periodo, de 30 a 60 días, según los estados y las épocas. El rey se encarga de alimentarles durante la campaña.

La mayoría de las campañas se reducen a incursiones en territorio enemigo, que no duran más que unos días o pocos meses y terminan con el territorio de nuevo en manos de quien antes lo dominaba, después de que el invasor se retire con su botín. Las grandes batallas escasean y no suelen tener muchas consecuencias estratégicas. Los enfrentamientos se reducen en muchos casos a reunir rápidamente y por sorpresa una fuerza muy superior a la del enemigo, avanzar sin ocupar realmente su territorio, poner sitio a una fortaleza, que puede ser una ciudad amurallada o un simple castillo, e intentar expugnarla antes de que el adversario reúna un ejército equivalente o superior al sitiador. Normalmente el sitio se efectúa sin máquinas de guerra perfeccionadas como anteriormente y se limita a cercar la fortaleza, hostigarla con los arqueros, e intentar un golpe de mano por sorpresa o un asalto en el que los asaltantes sufren pérdidas desproporcionadas hasta que consiguen entrar en la fortaleza.

LA EXPANSIÓN DEL ISLAM

El año 630 comenzó la expansión del pueblo árabe que, gracias a la religión islámica, asimiló a otros pueblos y realizó una expansión rapidísima en todas direcciones partiendo de la Península

Pintura medieval de autor desconocido que se encuentra en la torre Visconti del castillo Arquato en Italia. Se ven los caballeros vestidos con la característica cota de malla y protección en las piernas. Las cabezas a los pies de los caballos representan las consecuencias más cruentas de la batalla entre fuerzas enemigas.

LA GUERRA DE LA VACA (1273)

Esta guerra es un buen ejemplo de cómo se podía iniciar una guerra por un motivo nimio. En 1273, Guy de Dampierre, conde de Namur, organizó en la villa de Andenne un torneo y un día de mercado. Un campesino de Jallet, que había robado una vaca a un burgués de Ciney, fue al mercado a vender la vaca; pero allí estaba el propietario legítimo, que avisó al bailío (magistrado encargado de administrar justicia) de Condroz (territorio vecino de Namur) y le pidió que castigara al ladrón. Pero Andenne estaba fuera de la jurisdicción de Condroz, por lo que decidieron hacer salir al ladrón y la vaca de Andenne. De modo que le prometieron la impunidad al ladrón a condición de que devolviera la vaca a su dueño. Confiando en la promesa, el ladrón lo hizo, pero en cuanto salió del territorio del conde de Namur, fue arrestado y ahorcado. Como no se había respetado la jurisdicción de justicia del señor feudal de Jallet, comenzaron una serie de acciones guerreras. Las tropas del señor de Jallet devastaron los alrededores de Ciney. El bailío de Condroz incendió Jallet. Los dos bandos recibieron refuerzos y las hostilidades se extendieron a todo el Condroz. La villa de Goesnes fue reducida a cenizas; los castillos de Fallais, Beaufort y Spontin fueron sitiados. La guerra se extendió a la zona de Hesbaye: Meffe, Waremme y otras localidades fueron destruidas, Ciney fue entregada al pillaje y unas 30 villas del prebostazgo de Poilvache fueron asoladas. Los habitantes de Dinant marcharon sobre Namur, pero fueron puestos en fuga por el señor de Dave, que con su mesnada persiguió a sus adversarios hasta Dinant; pero en cuanto él entró en la ciudad, bajaron el rastrillo y lo mataron. Los dinanteses (que eran súbditos del obispo de Lieja) hicieron una salida y rechazaron a los de Dave y otros namureses, que se refugiaron en Bouvignes.

Finalmente, se llegó a una suspensión de armas y los representantes de ambos antagonistas presentaron sus demandas ante Felipe III el Atrevido, rey de Francia (de quien dependía el condado de Namur), que decidió que las cosas debían volver al *statu quo ante bellum* (estado anterior al inicio de la guerra). Con esta sorprendente decisión final terminó en 1275 una estúpida guerra que había costado la vida a más de 15.000 personas y devastado más de 60 villas. Todo un ejemplo.

Arábiga. Rápidamente, conquistaron Persia, Siria, Egipto y el Norte de África. En menos de un siglo extendió su control por un inmenso territorio, desde el Sir-Daria y el Indo en Asia hasta los Pirineos.

LOS GUERREROS DE ALÁ

Los primeros ejércitos árabes se formaban con los contingentes de las tribus bajo el mando de sus jefes tradicionales. Luego, los generales árabes utilizaron tropas mercenarias kurdas o turcas, aunque no fueran musulmanes. La fuerza

El rey Don Rodrigo arengando a sus tropas en la batalla del Guadalete, *de Bernardo Blanco Pérez. 1871. Óleo sobre lienzo, 58 x 78 cm. Museo del Prado, Madrid, España.*

de su ejército estaba basada en la caballería, habitualmente formada por buenos jinetes, pero muy poco disciplinados, por lo que a veces los derrotaron los turcos y mongoles, más disciplinados en combate; solían iniciar el combate en una formación muy abierta, hostigando al enemigo con flechas y venablos. También empleaban tropas montadas en camellos (*meharistas*) armados con lanzas y arcos, que con su aparición sorpresiva y su olor, desordenaban habitualmente a la caballería enemiga.

La batalla del Guadalete o de la Janda (711)

En 711 un ejército musulmán de unos 5.000 hombres, mandado por Tarik, cruzó el estrecho de Gibraltar con la ayuda del conde Don Julián o Urbán, gobernador de Ceuta, y desembarcó cerca de Tarifa. En un principio, la expedición se atrincheró en el monte Calpe (*Jebel Tarik*, luego Gibraltar). El conde Teodomiro, gobernador visigodo de la Bética, le atacó con 1.500 jinetes y fue derrotado. Muza le envió refuerzos y Tarik avanzó hacia el norte. El rey Rodrigo, que se encontraba sitiando Pamplona, reunió su ejército y se dirigió hacia el sur con unos 20.000 hombres. Tarik derrotó al ejército visigodo en la denominada batalla del río Guadalete, cerca de la laguna de la Janda, después de un largo y duro combate; según las crónicas, la victoria mora fue posible porque los dos jefes de las alas visigodas, Opas y Sisberto, traicionaron a Rodrigo el sexto día de combate y se pasaron al ejército musulmán. Don Rodrigo murió en la batalla o a

consecuencia de sus heridas y el ejército visigodo se desbandó. Esta derrota y otra posterior de los restos del ejército cerca de Toledo, permitieron a los musulmanes apoderarse paulatinamente de toda la Península Ibérica y penetrar en Francia, ocupando gran parte del sur.

DERROTA MUSULMANA EN LA BATALLA DE POITIERS O TOURS (732)

Los árabes siguieron penetrando hacia el norte del río Garona y el año 732 fueron derrotados en Poitiers (o Tours según otros historiadores) por un ejército de francos acaudillado por Carlos Martel. Los musulmanes, mandados por Abd al Rahman (Abderramán), confiaban en la gran superioridad de su caballería, pero Carlos Martel dispuso a su infantería pesada en cuadros, contra los que se estrellaron todos los ataques de los sarracenos; esta infantería pesada llevaba un escudo, espada, puñal, venablos y dos tipos de hacha, una arrojadiza, la *francisca*, y otra para el cuerpo a cuerpo. La caballería musulmana cargó con furia, pero la falange de los francos no se desbandó. Abderramán murió intentando romper el cuadro franco y los musulmanes se retiraron, abandonando la mayor parte del botín que habían conseguido. Esta victoria detuvo la invasión musulmana de Europa y permitió que Carlos Martel fundara una dinastía real en Francia.

EL IMPERIO BIZANTINO

El Imperio Bizantino mantuvo una estrategia general basada en la caballería y las numerosas fortalezas, sobre todo la gran ciudad amurallada de Bizancio. La muralla se reforzó cada vez más desde el mandato de Teodosio II y se convirtió

Carlos Martel en la batalla de Poitiers, *de Charles de Steuben. 1837. Óleo sobre lienzo, 542 x 465 cm. Museo del Palacio de Versalles, París, Francia.*

en una triple línea de fortificaciones, de más de 6 km. Tenía un muro exterior de 8'5 m de alto, un foso de 15 a 20 m de ancho, y un muro interior de 11 m de alto, con 96 torres; se podía cruzar por 10 puertas bien fortificadas.

EL EJÉRCITO DE BIZANCIO

El ejército era muy reducido, pero al principio seguía formado por soldados profesionales, bien adiestrados y bien mandados, que en su origen derrotaron fácilmente a los bárbaros. Belisario recuperó parte de África de los vándalos con solo 15.000 hombres y emprendió la conquista de Italia con 20.000, se apoderó de Roma con 8.000 hombres y se quedó sitiado en ella con 5.000. Su sucesor, Narsés, tuvo que contar con mercenarios bárbaros contratados. Cuando venció a los godos en Tadinae, el año 552, tenía bajo sus órdenes a 5.500 lombardos, 3.000 hérulos, y algunos gépidos, hunos y persas, más los dos cuerpos de caballería «romana» o bizantina, que formaban las alas.

El ejército bizantino estaba dividido en tres fuerzas principales: los *tagmata*, los *themata* y los *limitanei*. Los *tagmata* formaban la guarnición de Constantinopla con cuatro regimientos de caballería de la guardia (*scholes*, *excubitores*, *arithmoi* e *hicanates*) y un regimiento de infantería (*numeri*); unos 4.000 hombres en total. Los themata eran las tropas acantonadas en las provincias (*Themas*), que además solían estar de guarnición en su mismo distrito de reclutamiento. Los *limitanei* formaban la guarnición de las fronteras; recibían lotes de tierras, que cultivaban con sus familias.

Cuando el Imperio Romano de Occidente había perdido la capacidad de mantener sus virtudes, y hacer evolucionar su doctrina y sus formaciones, fue derrotado por los bárbaros, lo cual significó un claro retroceso del Arte de la Guerra en Europa Occidental. De un modo similar, desde la batalla de Manzikert en 1071 d. C., el Imperio Romano de Oriente o Imperio Bizantino no pudo mantener la calidad de sus ejércitos, que reclutaba sobre todo en Anatolia me-

La caballería bizantina llevaba un casco, una loriga de escamas o una cota de malla y protecciones en las piernas. Usaban un escudo redondo y lanzas ligeras que podían lanzar contra el enemigo. Las sillas tenían estribos y sus caballos estaban herrados. La infantería llevaba dos lanzas, una espada y un arco. Tenían gran cantidad de máquinas lanzadoras de proyectiles.

Detalle del enfrentamiento durante la batalla representada en el tapiz de Bayeux (Francia) con el ataque de los caballeros normandos a Inglaterra durante el siglo XI.

Otro plano en detalle del tapiz de Bayeux donde también se representa el potencial naval, junto a la caballería y escenas cotidianas de caza.

diante el sistema de la *Themas* o distritos militares. Por eso degeneró y acabó reduciéndose a la defensa de la gran ciudad amurallada de Bizancio, como si se tratase de un gran castillo, empleando sobre todo mercenarios de media Europa (como la famosa Guardia Varega o Varenga, formada por vikingos y algunos rusos y normandos) y el fuego griego. Al empezar el siglo XV, en Europa el Arte Militar había decaído hasta unos niveles increíbles.

BATALLA DE MANZIKERT (1071)

Con la pérdida de Egipto y Siria a manos de los árabes, el Imperio Bizantino estaba reducido a los Balcanes y Anatolia. En 1071, aprovechando un ataque de los turcos selyúcidas contra los estados fatimitas de Damasco y Egipto, el emperador bizantino Romano IV Diógenes intentó recuperar los territorios que Bizancio había perdido en Armenia, para lo cual organizó un ejército de casi 70.000 hombres; pero estos soldados estaban mal entrenados y eran indisciplinados; además, la mayor parte no eran combatientes, sino zapadores, servidores e intendentes. Cuando se enteró del avance de los bizantinos, el gran sultán Alp Arslán se dirigió a su encuentro con un ejército de unos 40.000 hombres. Mientras, Romano IV recuperó la fortaleza de Manzikert, en Anatolia

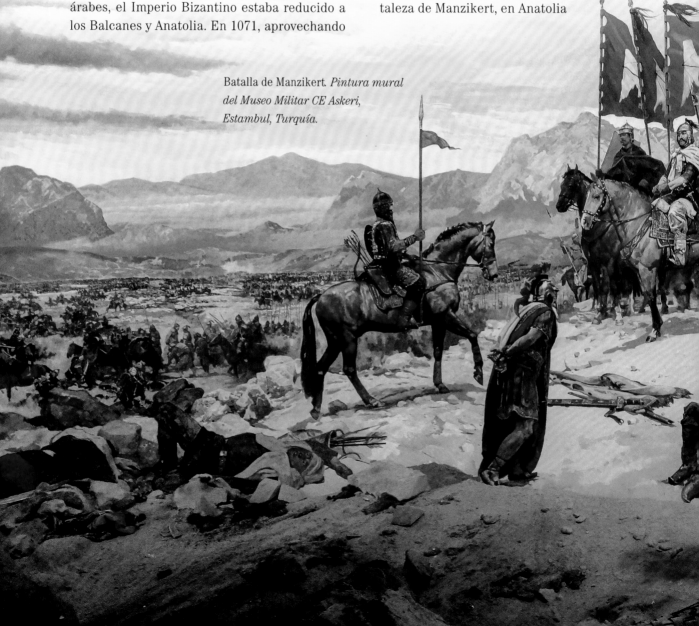

Batalla de Manzikert. *Pintura mural del Museo Militar CE Askeri, Estambul, Turquía.*

oriental, que habían tomado los turcos recientemente.

El ejército bizantino, organizado en tres cuerpos de batalla, se dirigió hacia el campamento turco, con el emperador al mando del cuerpo central. Los bizantinos encontraron poca resistencia en su avance y Romano IV temió estar cayendo en una trampa; entonces ordenó regresar a su campamento. Por incompetencia o mala suerte, la orden de retroceder se interpretó mal y se corrió la voz de que el emperador había muerto. Se produjo un pánico incontrolable, las dos alas se deshicieron y el cuer-

po de reserva huyó. Romano IV se quedó solo en el centro con su Guardia Varenga, que se enfrentó valerosamente a la carga de 10.000 jinetes selyúcidas dirigidos personalmente por Alp Arslán. El emperador se preparó a vender cara su vida, pero fue capturado por un mameluco turco.

Manzikert fue una de las peores derrotas del Imperio Bizantino. Las consecuencias de esta derrota fueron dramáticas. Los turcos se apoderaron de prácticamente toda Anatolia, la organización defensiva de las fronteras bizantinas quedó desintegrada y la sucesión de Romano IV desencadenó una terrible guerra civil en el seno del Imperio, que acabó de debilitarlo.

Batallas
medievales

Un ejemplo muy característico de las pocas campañas largas y organizadas, en las cuales un general aprende de sus errores, es la larga contienda de la campaña de las Navas de Tolosa (de 1195 a 1212) entre el rey Alfonso VIII de Castilla y los monarcas almohades del Norte de África, que cruzan el estrecho para ayudar a los musulmanes de la Península y obligarles, al mismo tiempo, a volver a la ortodoxia islámica según los cánones impuestos por los propios almohades.

S i Alfonso VIII obtuvo la gran victoria final sobre los musulmanes y creó la situación que permitió la reconquista de más de media Andalucía es porque aprendió de sus errores en la primera gran campaña y además controló y reguló perfectamente el empleo de sus diversas tropas en el combate decisivo, lo cual ha hecho que los críticos extranjeros le consideren «el mejor general de caballería de su tiempo».

PRIMERA INVASIÓN ALMOHADE Y DERROTA CRISTIANA EN ALARCOS (1195)

Cuando la Reconquista estaba ya muy avanzada, en 1195, los moros de España llamaron en su ayuda al Emir Yusuf Macemud (*Abú Yacub Yusuf al-Mansur*) o Yusuf II, emperador (*Miramamolín*) de los almohades, que cruzó el Estrecho de Gibraltar con un gran ejército y entró en Castilla por el puerto del Muradal. El rey Alfonso VIII de Castilla reunió todas sus tropas y fue contra él, sin esperar a que los otros reyes de España fueran en su ayuda con más tropas.

Pérdida de la Santa Cruz en las Cruzadas. Folio 356 del volumen III de La mirada Histórica, *de Vincent de Beauvais. Miniatura gótica del maestro Francois, del siglo XV.*

Tratando de impedir cuanto antes la invasión del valle del Tajo, no esperó ni a su primo Alfonso IX de León ni a Sancho VII de Navarra, que estaban ya con sus tropas en Talavera a solo unos días de distancia, por lo que fue derrotado en la batalla de Alarcos, después de lanzarse a luchar en campo abierto contra un ejército enemigo tan abrumadoramente superior en número (300.000 hombres según algunas crónicas); pero Yuseph Macemud murió antes de poder explotar esta victoria, ya que solo ocupó la inacabada fortaleza de Alarcos y su ejército se retiró a Marruecos. En esta campaña quedó claro que los éxitos del ejército almohade se debían a su número, su fe y su movilidad, mientras que los de la caballería cristiana se debían a su peso y su impacto. Alfonso VIII nunca olvidó las lecciones de esta campaña y se convirtió en el mejor general de caballería de su tiempo.

NUEVA INVASIÓN ALMOHADE. EL PAPA DECLARA LA SANTA CRUZADA

Mohamed Abrenyacob (o *Mohammed Al-Nasir*), nuevo emir de los almohades, volvió en 1211 a cruzar a España, con un ejército tan numeroso que tardó dos meses en que todos sus transportes cruzasen el Estrecho. Avanzó hacia Castilla y tomó el castillo de Salvatierra, defendido por los caballeros de la orden de Calatrava, muchos de los cuales murieron en su defensa. Esta vez Alfonso VIII pidió socorro a todos los reyes de la cristiandad y especialmente a los de España, además de conseguir que el Papa Inocencio III declarase que la campaña en Castilla era una Cruzada.

Finalmente, en la primavera de 1212, Alfonso VIII reunió en Toledo a sus ejércitos, reforzados por algunos caballeros leoneses y portugueses, y los caballeros europeos (en su mayor parte franceses) movidos por la Santa Cruzada y por la fama de Alfonso VIII como el más experto general de caballería de la cristiandad. Algunos autores cristianos calculan que reunió a 12.000 jinetes y 50.000 infantes. Con él salieron de Toledo en el verano de 1212 Don Rodrigo Jiménez de Rada, arzobispo de Toledo, Don Arnaldo Amalric, arzobispo de Narbona y todos los grandes señores de Castilla encabezados por Don Diego López de Haro, alférez mayor del reino. Mientras tanto, el *Miramamolín* Mohammed Al-Nasir, con unos 125.000 hombres, salió de Sevilla y ocupó los pasos de Sierra Morena.

AVANCE CRISTIANO

Durante su avance, el ejército cristiano reconquistó las fortalezas de Malagón y Calatrava. Entonces Pedro II de Aragón y Sancho VII de Navarra se incorporaron con sus ejércitos. La fortaleza de Calatrava estaba bajo el mando del caíd Ben Cadiz, que la defendió con tal denuedo que Pedro II de Aragón le pidió a Alfonso VIII que se les dejase libres a todos los supervivientes de la guarnición, a lo que Alfonso accedió; pero cuando se presentaron ante el *Miramamolín* en Jaén, éste mató a Ben Cadiz de un lanzazo y ordenó que a partir de entonces las tropas andaluzas formasen y marchasen por separado, ya que no eran dignos de ir juntos con sus tropas africanas.

La mayor parte de los extranjeros, satisfechos con el botín conseguido y descontentos con la disciplina impuesta por Alfonso VIII, regresaron a sus casas; pero la mayoría del ejército cristiano siguió adelante. Alfonso VIII ordenó que durante la marcha los caballeros no montasen en sus destreros, los pesados caballos de comba-

Cromolitografía que representa a los cruzados embarcando hacia Tierra Santa, portando escudos y estandartes de la cristiandad.

se que utilizaban para cargar en las batallas, sino en otros caballos de repuesto (*palafrenes*), para que los destreros llegasen frescos y llenos de vigor a la batalla final. Cuando llegaron a Sierra Morena, los cristianos tomaron algún paso de los iniciales, pero los más importantes estaban guardados ya por los musulmanes. Entonces se presentó a Alfonso VIII un pastor, llamado Martín Alhaja, que guió al ejército cristiano por un camino que no estaba guardado, y le llevó al llano denominado «La Mesa del Rey», donde pudieron desplegar frente al campamento de Mohammed al-Nasir. Pero esta vez, aunque los caballeros musulmanes salieron a provocarle, el experimentado Alfonso VIII decidió dejar un día de descanso a sus tropas y dar la batalla al alba del día siguiente.

LA BATALLA DE LAS NAVAS DE TOLOSA
DESPLIEGUE DE LOS DOS EJÉRCITOS
El ejército musulmán formó sus tres líneas colocando en primer lugar a la infantería ligera, formada por voluntarios fanáticos, algunos procedentes de todos los confines del mundo musulmán, armados con venablos y arcos; su instrucción era escasa y su valor en combate casi nulo. En las alas estaba situada la caballería ligera, lista para hostilizar a la infantería cristiana con sus lanzas y venablos, y retirarse rápidamente. En la segunda fila situó a las tropas regulares, más fiables, unas reclutadas en Andalucía y las otras en Marruecos; estaban armadas con lanzas, arcos y ballestas. Con ellas estaba la caballería regular andaluza, más pesada y protegida, aunque no tan acorazada y potente como los caballeros cristianos; junto a ellos estaba la caballería ligera almohade procedente del sur

de Marruecos; también había un cuerpo de arqueros a caballo kurdos, denominados *agzaz*. Esta segunda línea estaba formada por veteranos y era la que debía detener al ejército cristiano. La tercera línea la formaban las unidades de élite que debían rematar la victoria.

Además, guardando el campamento donde se había quedado el *Miramamolín*, había una reserva de arqueros, lanceros y ballesteros, ade-

Tapiz de la batalla de las Navas de Tolosa, de Vicente Pascual, a partir de un dibujo de Ramón Stolz. 1950. Palacio de Navarra, Pamplona, España. Muestra en la parte central al rey Sancho VII el Fuerte como protagonista en el ataque a Al-Nasir.

más de la Guardia Negra (*imesebelen*), formada por negros subsaharianos de gran envergadura física, armados con grandes lanzas cuyas conteras clavaban en el suelo. El campamento estaba en una colina, que permitía al emir una buena visión del campo de batalla y era de fácil defensa. Para reforzarlo más se había formado una especie de muralla, con cestos de flechas, camellos y bestias de tiro, y otros elementos.

Pensaban actuar como en Alarcos, dejando que avanzase el centro cristiano para luego atacarlo por los flancos y destrozarlo. Los cristianos desplegaron al alba en tres líneas, al igual que los musulmanes, aunque a efectos de mando eran un gran cuerpo central y dos alas. El centro distribuido en tres grandes formaciones o *batallas* en columna, lo mandaba Alfonso VII. El ala izquierda la mandaba Pedro II de Aragón y estaba

formada por tres divisiones, la última de las cuales era una reserva de caballería bajo el mando directo del rey; en este cuerpo formaban las tropas reales aragonesas, los grandes señores de la Corona de Aragón con sus mesnadas, y varias milicias concejiles castellanas. El flanco derecho lo mandaba Sancho VII de Navarra y estaba formado por sus propias tropas, los voluntarios de los concejos de Ávila, Medina del Campo y Segovia y unos 200 caballeros leoneses mandados por el infante Don Sancho Fernández de León, hijo del rey Fernando II. Aunque el mando supremo lo ejercía Alfonso VIII, todos acordaron que quien «ordenase las batallas» fuese el caballero ampurdanés Dalmáu de Crexel, considerando que era el que tenía más experiencia de la guerra, aunque luego, desgraciadamente, murió en la batalla.

En la primera línea formaron, en el centro, la caballería y la infantería castellanas mandadas por Don Diego López de Haro, señor de Vizcaya y antiguo alférez mayor del rey de Castilla, acompañado del nuevo alférez mayor, Don Álvaro Núñez de Lara y de Martín Muñoz de Hinojosa, y los caballeros extranjeros mandados por el obispo Arnaldo Amalric; la infantería comprendía dos divisiones formadas por las milicias feudales y los comuneros o milicias concejiles de Madrid y otras villas y ciudades de Castilla. Los *ricoshomes* de Castilla con sus mesnadas iban mandados por Ruy Díaz, hijo del señor de los Cameros; muchos de ellos eran veteranos de la batalla de Alarcos. A su derecha e izquierda respectivamente, iban las divisiones más adelantadas de los cuerpos de Navarra y del de Aragón, ésta mandada por Nuño Sánchez, sobrino de Pedro II.

Detrás de la primera batalla mandada por D. Diego López de Haro iban los caballeros de las órdenes militares de Santiago y Calatrava, los templarios y los hospitalarios de San Juan, mandados respectivamente por sus Maestres Pedro Arias, Ruy Díaz de Yanguas y Gómez Ramírez y su Gran Prior Gutierre Hermenegildo, así como varias mesnadas de *ricoshomes* castellanos y milicias concejiles de Toledo, Valladolid, Cuenca y Soria. Toda esta *batalla* la mandaba Don Gonzalo Núñez de Lara.

Mandando directamente la última *batalla* del cuerpo central iba Alfonso VIII, acompañado por el arzobispo Jiménez de Rada y otros prelados, como los obispos de Burgos, Palencia, Ávila, Osma, Sigüenza, Plasencia y Calahorra; también iban milicias concejiles de Toledo, Medina del Campo, Valladolid, Olmedo y Arévalo.

Batalla de las Navas de Tolosa, *de Horace Vernet. Cinco grandes salas de la planta baja del ala norte del palacio de Versalles fueron destinadas a las Cruzadas en la Colección francesa del Museo por Louis Philippe.*

DESARROLLO DE LA BATALLA (16 DE JULIO DE 1212)

Según las crónicas musulmanas, los caídes del ejército esperaban desgastar al ejército cristiano contra su primera línea de infantería, que consideraban fungible y sin valor militar, para que el enfrentamiento final ente los jinetes del desierto almohades y la caballería pesada castellana cogiera a esta muy cansada y desgastada.

El autor de la crónica pone en boca de Alfonso VIII, durante la arenga que precedió a la lucha, la frase siguiente: *«Amigos, todos nos somos españoles, et entráronnos los moros la tierra por fuerça»*. Con esto recalcaba la idea de que la invasión almohade amenazaba a todos los reinos de España y que era tarea común repelerla.

Como primera medida, ambos ejércitos procedieron al lanzamiento de una auténtica nube de flechas, seguida de la carga de la caballería pesada cristiana de la primera línea, con Don Diego López de Haro al frente; el choque hizo retroceder ligeramente a la primera línea mora.

La batalla de las Navas de Tolosa, *de Francisco de Paula van Halen. 1864. Óleo sobre lienzo, 200 x 282 cm. Palacio del Senado (en depósito; pertenece al Museo del Prado), Madrid, España.*

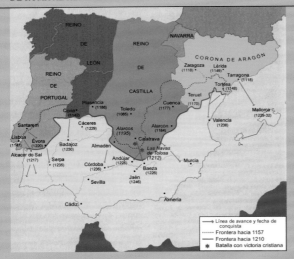

Representación de la Península Ibérica en la que se observan los movimientos fronterizos y el avance de la conquista que supuso la batalla de las Navas de Tolosa.

Pero Don Diego ordenó mantener la línea cristiana, sin que su centro se adelantase demasiado, para evitar que luego se viera rodeado cuando la segunda línea musulmana reforzó a la primera y contraatacó apoyada por su caballería y descabalgó a muchos caballeros cristianos, que

fueron degollados en el suelo. Cuando vió que la primera línea castellana no se había dejado envolver y retrocedía combatiendo, Mohammed al-Nasir ordenó un ataque general, especialmente por los flancos con su caballería ligera; los arqueros montados almohades produjeron un gran desgaste en los cristianos, y algunas milicias concejiles emprendieron la retirada, mientras que López de Haro, los caballeros de su entorno y los de las órdenes militares mantuvieron su línea. Alfonso VIII se adelantó, y arengó y apostrofó a las milicias cristianas, que volvieron a la lucha. Siempre que la infantería cristiana que avanzaba o contraatacaba se veía paralizada por los arqueros árabes, o rodeada de los lanceros de caballería, aparecía Alfonso VIII con un escuadrón de caballeros para apoyarles. Mientras tanto, los jinetes de la caballería almohade más pesada esperaban pacientemente su turno, para asestar el golpe de gracia a los cristianos. En un momento dado, el avance de las reservas almohades en el centro y la presión de su caballería

EL ESCUDO DE NAVARRA

Al parecer, antes del combate final de las Navas de Tolosa, los soldados de la Guardia Negra se habían encadenado para significar que morirían en su puesto antes que huir, aunque otras versiones dicen que las cadenas era una última defensa del *palenque*; el caso es que la leyenda sirvió para justificar posteriormente la aparición de las cadenas en el escudo de Navarra, pese a que Sancho VII siguió usando el escudo tradicional de Navarra con el águila blanca, que figura también en su tumba. También muchas familias nobles añadieron cadenas o cruces a sus escudos de armas tradicionales. En la imagen detalle arquitectónico con el *escudo de Navarra.*

La batalla de Bouvines, de Horace Vernet. 1827. Óleo sobre lienzo, 510 x 958 cm. Palacio de Versalles, París, Francia.

ligera en las alas pareció que les iban a dar el triunfo. Tuvieron que cargar los caballeros aragoneses y navarros, reforzados por algunos escuadrones castellanos, para mantener la línea a duras penas. Entonces el *Miramamolín*, creyendo la batalla ganada, dio la orden de perseguir a los cristianos en fuga, con lo cual sus tropas se desordenaron irremediablemente.

Entonces, los caídes de las tropas andaluzas decidieron vengar el insulto que el *Miramamolín* les había infligido a todos los andaluces en la persona de Ben Cadiz y sus veteranos, dando media vuelta y retirándose del combate. Este fue el momento que escogió Alfonso VIII para dar una carga irresistible; los tres reyes cargaron al frente de la gran masa de caballeros cristianos pesadamente armados. La infantería de los moros vió deshechas sus formaciones en un baño de sangre y la caballería ligera de los bereberes se vió atrapada y dividida en pequeñas formaciones que no pudieron resistir la carga.

Entonces los cristianos llegaron hasta el *palenque* o campamento fortificado del *Miramamolín*, que se retiró hacia Córdoba atendiendo a los ruegos de sus seguidores. Pero los cristianos atacaron con furia a la Guardia Negra, que murió defendiendo la tienda vacía de Mohammed Al-Nasir.

LA BATALLA DE BOUVINES (1214)

En la mayoría de las grandes batallas libradas en Europa, ambos ejércitos se ordenaban en tres cuerpos diferenciados: un centro y dos alas; en primer lugar la infantería (*piétaille*) en varias líneas, por delante de los caballeros, que luego cargaban para decidir el combate. Un magnífico ejemplo de este orden general lo encontramos en la batalla de Bouvines.

El año 1214, en Bouvines, el rey Felipe II *Augusto* de Francia se enfrentó a las fuerzas unidas del emperador Otón IV de Alemania, el rey Juan *Sin Tierra* de Inglaterra, los duques Tiébaud de Lorena, Henry de Brabante y Henry de Limbur-

go, y los condes Guillermo de Holanda y Ferrand de Flandes. Las fuerzas de Otón eran superiores a las de su adversario. La caballería estaba formada por 8.000 caballeros; Otón llevaba consigo a los mejores caballeros de Sajonia, de Lorena, de Limburgo y de Namur, y 700 caballeros ingleses. Su infantería (unos 18.000 hombres) había sido reclutada en Alemania y Flandes. Felipe II contaba con unos 1.400 caballeros, 2.100 sargentos montados (caballería ligera) y 10.000 infantes.

La batalla de Bouvines fue un enfrentamiento entre Felipe II de Francia y una coalición de ejércitos alemanes, ingleses y holandeses

La primera fila de la infantería de Otón IV estaba formada por los piqueros alemanes y flamencos; en segunda línea estaba la infantería sajona. Otón, con unos 50 caballeros, estaba entre las dos formaciones. La batalla comenzó por el ataque de las milicias de los Países Bajos a la infantería del centro francés, menos numerosa y que empezó a retroceder. El conde de Saint-Pol, condestable francés, hizo cargar a todos sus caballeros que acabaron por romper la formación de los comuneros flamencos en el centro y liberaron a Felipe *Augusto*, que yacía desarzonado en medio, víctima de su ardor combativo. Entonces los caballeros franceses cargaron contra el emperador Otón, descubierto por la dispersión de sus milicias a pie; Otón huyó a caballo y no se detuvo hasta Valenciennes. En las alas, los caballeros franceses habían triunfado gracias a su habilidad maniobrera aprendida en contacto con los jinetes musulmanes en Tierra Santa, que les permitió mantenerse frente a un enemigo igual de bravo y denodado, y superior en número. Como consecuencia de esta batalla, el condado de Flandes

y otros feudos de los Países Bajos dejaron de formar parte del Imperio alemán (Sacro Imperio Romano-Germánico) y pasaron a formar parte de Francia.

LA APARICIÓN DE LAS MILICIAS CONCEJILES O CIUDADANAS

A medida que mejoraron las comunicaciones, el comercio y la artesanía prosperaron, aumentó el número de «burgos» (ciudades fortificadas que no dependían de ningún señor y estaban habitadas por hombres libres). Estos «burgueses» eran comerciantes, artesanos y algunos letrados, que se enfrentaban a los señores feudales que dificultaban el desarrollo de las ciudades. En las ciudades medievales no había libertad política, pero sí una independencia jurídica desconocida en la sociedad feudal, en la que el señor era al mismo tiempo el juez dentro del territorio de su feudo. Los municipios tenían cada vez más personalidad jurídica y administrativa; creaban e imponían sistemas fiscales para la percepción de tributos. La justicia se hizo menos arbitraria, pero fue igual de severa que la de los señores feudales. En algunos lugares, como en Flandes, los ciudadanos, agrupados en gremios crearon milicias ciudadanas bien armadas y organizadas, que en ocasiones lograron derrotar a los ejércitos de caballeros.

LA BATALLA DE LAS ESPUELAS DE ORO (GROENINGE, KOORTRIJK O COURTRAI) (1302)

El conde de Flandes, Guy de Dampierre, se alió con los ingleses para liberarse de la tutela del rey de Francia. El ejército francés invadió Flandes y Guy, traicionado por los ingleses, cayó prisionero. Pero los habitantes de Brujas atacaron una noche a la guarnición francesa y la exterminaron. Para castigar a los rebeldes, Felipe IV «el Hermoso» de Francia envió un ejército de 47.000 hombres mandado por su primo Roberto, conde de Artois; este ejército iba encabezado por los caballeros y 10.000 peones franceses, apoyado por mercenarios de Brabante y Hainaut y ballesteros lombardos y genoveses. Por el otro lado, el ejército flamenco estaba formado por los caballeros flamencos y unas milicias ciudadanas, formadas por mercaderes y artesanos, que además habían conseguido contratar a un puñado de ballesteros mercenarios, y contaban con el apoyo de los 600 mercenarios del conde Guy de Namur, originarios de Renania, Limburgo, Brabante y el Bajo Mosa; en total unos 25.000 hombres.

Los comuneros flamencos estaban armados con picas y con una extraña arma, denominada *godendag* (que significa «buenos días» en flamenco); el asta era similar a una gran maza, de la altura de un hombre, y podía servir para derribar a un caballero de su caballo, y la espiga del extremo era muy eficaz para rematar a un caballero desarzonado y embarazado por su pesada armadura.

Los comuneros flamencos habían aprendido en Bouvines la fuerza de la caballería francesa, por lo que se situaron en la llanada de Groeninge, con la espalda cubierta por la ciudad amurallada de Courtrai, una colina escarpada a su derecha y el río Lys a su flanco izquierdo, y alineados detrás de una ciénaga pantanosa alimentada por dos riachuelos. Los ballesteros lombardos iniciaron la batalla lanzando una nube de flechas contra los caballeros y las primeras filas de infantería de los flamencos, que recularon. Los caballeros franceses, arrogantes e impacientes, no esperaron a que sus propios ballesteros acabaran de desordenar y desmoralizar a la infantería enemiga y cargaron atropellando a su propia infantería, pero muchos de sus corceles se quedaron empantanados en el cenagal. Los caballeros que llegaron hasta las milicias del

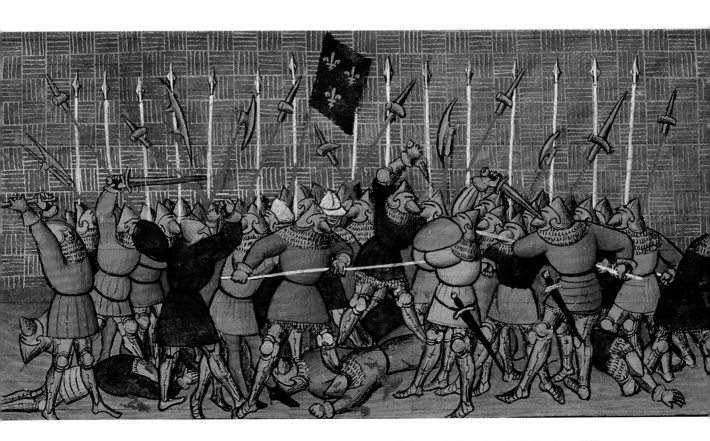

Detalle de una miniatura de la batalla de Courtrai perteneciente a las Crónicas de Francia o de St. Denis. *c 1398. British Library, Londres, Reino Unido.*

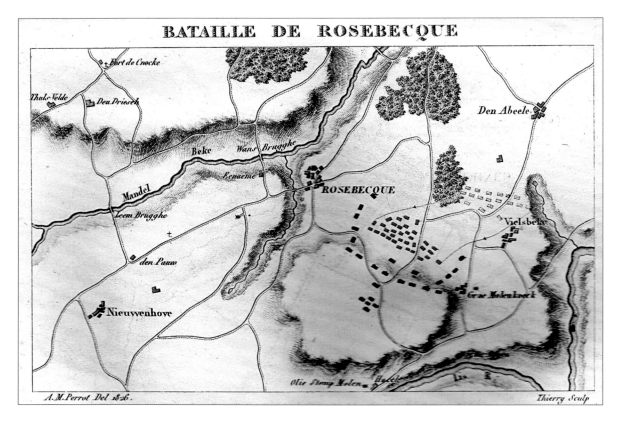

Mapa de la batalla de Roosebeke incluido en la Historia de los duques de Borgoña Barante. *1826.*

centro flamenco, las desordenaron y las pusieron en fuga, pero los comuneros de Yprés las hicieron volver al combate y la reserva flamenca acudió a cerrar la brecha. Entonces los comuneros avanzaron y atacaron uno por uno a los caballeros inmovilizados y los degollaron sin piedad. En el ala derecha, los caballeros franceses se estrellaron contra las picas de los comuneros de Brujas; el furioso ataque francés, dirigido por Roberto de Artois en persona, acabó detenido contra la última línea de piqueros, aunque Roberto de Artois, antes de verse desarzonado, llegó hasta el estandarte de Flandes del que llegó a arrancar un girón; cuando caído en el suelo pedía a gritos un caballero al que rendir su espada, los comuneros, que no entendían el francés, le degollaron. El grueso de la caballería francesa dio una última carga en pleno desorden y muchos caballeros fueron desarzonados. Las alas del ejército

flamenco se cerraron sobre los restos de los escuadrones franceses y acabaron con todos los caballeros que no lograron retirarse. En total, unos 15.000 hombres perdieron la vida, de los cuales, unos 7.000 eran caballeros franceses. Como recuerdo de su victoria, los comuneros flamencos colgaron 700 espuelas de oro como ofrenda en la iglesia de Nôtre Dame de Courtrai.

BATALLA DE ROOSEBEKE O DEL MONT D'OR (1382)

La Batalla del Mont d'Or o de Roosebeke, fue como una revancha de la batalla de Courtrai, en la que el ejército de Carlos VI de Francia derrotó a los flamencos sublevados mandados por Philip van Artevelde. Durante un período de calma en la Guerra de los Cien Años, los artesanos y mercaderes flamencos se sublevaron en 1381 contra Luis de Male, conde de Flandes. Los ciudadanos eligieron como jefe a Philip van Artevelde, un rico tejedor de Gante, que había liderado a los flamencos aliados con Eduardo III de Inglaterra. Cuando el conde de Flandes fue derrotado en Beverhoutsveld, pidió ayuda a Carlos VI de Francia, menor de edad bajo la tutela de Felipe «el Audaz», duque de Borgoña. Este reunió un ejército de 16.000 hombres al mando del condestable Olivier de Clisson. En Gante, Philip van Artevelde reunió un ejército de casi 40.000 hombres. Ambos ejércitos avanzaron hasta las proximidades de Roosebeke, acamparon y entraron en combate al día siguiente.

Los comuneros flamencos se situaron en varias líneas, sobre el Mont d'Or. Los franceses, en cambio, se desplegaron en el centro la *piétaille* y algunos caballeros, a pie. En los flancos, se situaron algunas tropas ligeras y los caballeros montados. Carlos VI estaba presente, pero alejado del combate. Los flamencos avanzaron en formación cerrada, e hicieron retroceder a la infantería francesa, pero cuando habían avanzado un poco, los franceses de las alas de su ejército cayeron sobre los flamencos y los cercaron. Ante la presión, los comuneros se desordenaron; muchos cayeron en el combate y bastantes se ahogaron en las marismas pantanosas al intentar huir.

Philip van Artevelde murió en la batalla y su cuerpo fue expuesto colgado de un árbol para público escarmiento. Según algunos cronistas, los franceses solo tuvieron 1.000 bajas y los flamencos 20.000, pero estas cifras deben ser exageradas. Los franceses recuperaron las espuelas perdidas en la Batalla de las Espuelas de Oro y las expusieron en la basílica de Saint-Denis. En realidad, Flandes permaneció en estado de rebelión hasta que se firmó la paz de 1385.

Batalla de Roosebeke, *de Jean Froissart. Ilustración de las* Crónicas *del siglo XV. Instituto de Investigación y textos históricos, Ministerio de Cultura francés.*

La Guerra de los **Cien Años**

Un problema sucesorio fue el detonante de la Guerra de los Cien Años, un larguísimo conflicto (en realidad, de más de 100 años, desde 1337 hasta 1453) que enfrentó a los sucesivos reyes de las dinastías Plantagenet (Inglaterra) y Valois (Francia) por el control de las posesiones inglesas en territorio francés. El conflicto bélico no fue continuado, sino que se basó en campañas de combate breves en medio de largas treguas.

EL COMIENZO DE LA GUERRA

A Felipe IV «el Hermoso» de Francia, muerto en 1314, le sucedieron sus tres hijos varones, Luis X, Felipe V y Carlos IV, que no dejaron descendencia masculina. Ante la eventualidad de que heredase la corona Eduardo III de Inglaterra, hijo de Isabel de Francia, hermana de los tres reyes anteriores, la nobleza francesa invocó una supuesta Ley Sálica, por la que las mujeres no podían heredar ni transmitir derechos a la corona de Francia; de este modo heredó la corona Felipe VI, duque de Valois, primo hermano de los tres reyes anteriores. Eduardo III, que además era señor de la región francesa de Guyena, no aceptó esta decisión, se declaró «Rey de Francia y de Guyena», fue reconocido por los flamencos como rey de Francia, se alió con Pedro I de Castilla y en 1340 derrotó a la escuadra francesa en la batalla naval de L'Escluse y desembarcó en Francia. Así se inició la denominada «Guerra de los Cien Años». Las tres batallas más conocidas de esta guerra, Crécy, Poitiers y Azincourt, constituyeron tres fracasos de la poderosa caballería francesa, debido a sus tácticas equivocadas frente a la infantería y los arqueros ingleses, que estuvieron siempre mejor mandados y cuyos jefes supieron siempre elegir el lugar y las tácticas más adecuadas.

Felipe IV «el Hermoso», rey de Francia, *de Jean-Louis Bètard. 1837. Óleo sobre tabla, 90 x 72 cm. Castillo de Versalles, Francia.*

BATALLA DE CRÉCY (1346)

Después de su victoria de L'Escluse, Eduardo III desembarcó en Normandía con unos 15.000 hombres y avanzó por Francia hasta Crécy, mientras Felipe VI convocaba al ejército francés. Este era poco operativo, ya que estaba formado por las mesnadas de los señores feudales franceses, que no aceptaban la disciplina, y tenían por costumbre combatir sin aceptar las órdenes del rey, independientemente, para satisfacer su orgullo personal. El ejército inglés ya solo contaba con unos 9.000 hombres, pero era mucho más disciplinado; tenía menos caballeros, pero los arqueros ingleses estaban muy bien adiestrados, y podían lanzar de un modo muy rápido (de cinco a seis flechas por minuto) y con buena puntería una nube de flechas que podían perforar las armaduras francesas; además, los arqueros ingleses llevaban unas largas estacas aguzadas por las dos puntas, que clavaban en el suelo ante ellos y en dirección al enemigo, para detener a la caballería francesa.

El ejército inglés esperó tranquilamente a los franceses en el campo fortificado que habían elegido para la batalla. En cambio, cuando los franceses llegaron a las proximidades del campamento, habían hecho casi 30 km de marcha, cargados con sus armaduras y estaban exhaustos. Felipe VI decidió seguir el prudente consejo de dejar descansar a su ejército, pero la mayor parte de los señores franceses, con sus mesnadas, siguieron avanzando y presumiendo de quién acamparía más cerca de los ingleses. Llevaron tan lejos ese propósito que, sin pensarlo, desencadenaron la batalla sin esperar al día siguiente como había ordenado Felipe VI. Los ingleses estaban en una posición bien escogida, que solo se podía atacar en una dirección; esa línea estaba protegida por las estacas aguzadas, detrás de las cuales se encontraba la masa de arqueros ingleses. Cuando los franceses habían conseguido organizar un poco sus líneas, las flechas inglesas empezaron a caer sobre los ballesteros genoveses, que se desordenaron; entonces los caballeros atacaron atropellando a los ballesteros y aumentando la confusión. Cuando la segunda línea francesa atacó, aumentó el barullo. Aunque los caballeros franceses, en una valiente acometida, lograron llegar al combate con la infantería y romper las primeras líneas inglesas, casi todos pagaron con la vida su temeridad al atacar sin respetar las normas más elementales del arte de la guerra. Los ingleses llevaban también algunos cañones y los emplearon en la batalla, pero su utilidad fue prácticamente anecdótica.

Batalla de Crécy entre Inglaterra y Francia durante la Guerra de los Cien Años, *de Jean Froissart. Manuscrito iluminado de las* Crónicas *del siglo* XV. *Biblioteca Nacional Francesa.*

Retrato del rey Eduardo III de Inglaterra, padre de «El Príncipe Negro».

BATALLA DE POITIERS O TOURS (1356)

Tras la muerte de Felipe VI, heredó el trono de Francia su hijo Juan II «el Bueno». En 1356 el Príncipe de Gales, Eduardo, llamado «El Príncipe Negro» por el color de su armadura, hijo de Eduardo III, efectuó una gran incursión por la Francia central con un ejército de unos 6.500 hombres. Tenía 26 años y ya era un experto en efectuar *razzias* (*chevauchées*) en territorio francés; además contaba con el experimentado caballero John Chandos como asesor y segundo en el mando. El objetivo de esta expedición no era conquistar ninguna fortaleza, sino devastar una gran área de terreno al norte de Burdeos, para que ningún ejército francés pudiese atacar la Guyena viviendo sobre el país. Arrasó y quemó ciudades y villas, y consiguió un gran botín, que le retrasó en su marcha cuando trató de volver a territorio dominado por los ingleses después de no haber podido entrar en Tours, y fue alcanzado en Mauperthuis, junto a Poitiers, por un ejército enemigo dirigido por el rey francés.

Juan II «el Bueno» había reunido unos 16.000 hombres y consideró que tenía la victoria asegurada; frente a los arqueros ingleses armados con sus arcos largos, los franceses disponían de un buen número de ballesteros bien entrenados, cada uno de los cuales contaba con un «pavesero», que llevaba un escudo o pavés con el que cubrirle, mientras el ballestero estaba ocupado con ambas manos y un pie para recargar su ballesta. Como Juan II era un jefe irresoluto y débil, creía que para derrotar a los ingleses necesitaba un ejército muy grande, cuyos elementos fundamentales debían ser los caballeros pesadamente armados y los ballesteros.

En la batalla de Tours, Inglaterra capturó a Juan II de Francia y, a pesar de que se intentó reunir el rescate, terminó muriendo en Londres en 1364

«El Príncipe Negro» logó situarse en una fuerte posición defensiva entre bosques, setos y barrancos naturales, por lo que solo se le podía atacar por un frente relativamente estrecho. Hubo negociaciones antes de la batalla, promovidas por un legado pontificio, el Cardenal de Périgord. Consiguió que no combatieran en domingo y el Príncipe de Gales, dada su desventaja numérica, trató de conseguir un acuerdo devolviendo todo su inmenso botín y comprometiéndose a no entrar en combate contra los franceses en varios años, si le dejaban volver a Burdeos con su gente, pero los franceses no lo aceptaron. El rey Juan II creía que tenía a su alcance una gran victoria, que le daría prestigio y seguridad en el trono.

Los caballeros franceses decidieron cargar en un frente muy estrecho, con lo cual perdían la posibilidad de envolver a sus enemigos aprovechando su superioridad numérica, y volvieron a atacar, como en Crécy, antes de que los ballesteros hubiesen desorganizado suficientemente a los ingleses. Como el terreno estaba lleno de zanjas naturales, esto desordenó la formación inicial de los caballeros franceses. Los ingleses les esperaban con una formación en la que sus caballeros, desmontados, ocupaban el centro de la línea, mientras que los arqueros ocupaban las alas, detrás de setos y zanjas erizadas de estacas aguzadas. Además Eduardo mantuvo un pequeño grupo de 60 caballeros a caballo, donde no los vieran los franceses.

La primera carga de los franceses avanzó muy lentamente, debido a las irregularidades del terreno, y se vió detenida por las flechas inglesas que derribaban a los caballos desordenando la formación atacante. El delfín, futuro Carlos V de Francia, dirigió el segundo ataque, que también fue rechazado. Un ataque de la infantería, dirigido también por el delfín, fue rechazado nuevamente y parte de la infantería de la segunda línea huyó; pero el rey Juan se puso al frente

de la reserva y atacó con todos los caballeros disponibles, llegando al cuerpo a cuerpo con los ingleses. Cuando parecía que los franceses aún podían vencer, «El Príncipe Negro» envió a un grupo de 60 caballeros y 100 arqueros por entre los setos del lateral, para que efectuasen un ataque de flanco contra los caballeros franceses, con lo que el ejército francés se derrumbó. Entonces la caballería inglesa persiguió al enemigo hasta que anocheció, derrotando por completo a los franceses, que dejaron unos 2.000 caballeros muertos sobre el terreno y otros tantos prisioneros, entre ellos el rey de Francia y uno de sus hijos menores. Carlos IV quedó prisionero y fue

Miniatura gótica con la imagen de las Crónicas de Jean Froissar *(c siglo XV). Arresto del rey Juan II «el Bueno» de Francia tras el asedio y derrota de los franceses en la batalla de Poitiers, después de que las flechas inglesas derribasen a sus caballos.*

trasladado a Inglaterra; su hijo y heredero, el Delfín Carlos (futuro Carlos V de Francia), se hizo cargo del poder como Lugarteniente General del Reino, pero tuvo que convocar los Estados Generales (el parlamento francés) para intentar reunir el enorme rescate de su padre (3.000.000 de coronas de oro).

LA REANUDACIÓN DE LA GUERRA EN 1415. SITIO DE HARFLEUR

Carlos V reorganizó su ejército con la ayuda del condestable Beltrán Duguesclin y recuperó casi toda Francia, menos las plazas de Calais, Burdeos y Bayona. Pero Carlos V murió en 1380, dejando como heredero a su hijo Carlos VI, que solo tenía 12 años y, poco después de ser proclamado mayor de edad, perdió la razón. El duque de Orleáns, regente del reino, fue asesinado y Francia entró en una guerra civil, entre los *armagnacs*, deseosos de vengar el asesinato, y los *borgoñones*, partidarios de Juan «Sin Miedo» duque de Borgoña, al que se consideraba instigador del crimen.

Enrique V de Inglaterra, con la ayuda del partido borgoñón, embarcó en Porchester (Inglaterra) y desembarcó en Francia. Llevaba un ejército de más de 9.000 hombres, con unos 1.300 caballeros, 4.100 hombres de armas a caballo y 3.800 arqueros a pie. Enrique V era ya un veterano de varias campañas contra los irlandeses, escoceses y galeses. Era un buen estratega y un gran general, que cuidaba de sus hombres y a los que exigía una dura disciplina. Ante la lenta reacción francesa, Enrique V puso sitio a Harfleur. La conquistó tras un duro sitio de 30 días, con el uso de los 10 cañones que había llevado desde Porchester. La conquista de Harfleur le costó un buen desgaste de su ejército, entre las pérdidas del asalto, la guarnición que tuvo que dejar allí y, sobre todo, los 2.000 hombres muertos debido a la disentería que contrajo el ejército sitiador acampado entre las marismas alrededor de la plaza y otros 2.000 enfermos evacuados en la flota que se retiró a Inglaterra.

LA CAMPAÑA DE AZINCOURT. LOS EJÉRCITOS ENFRENTADOS

Acabado el sitio, Enrique V condujo a su ejército hacia Calais, para tener una base segura bien enlazada con Inglaterra, en un viaje de más de 250 km. Le quedaban unos 1.000 caballeros, 5.000 arqueros y ballesteros y unos 10.000 peones. Charles d'Albret, condestable de Francia, ya había reunido un ejército de más de 40.000 hombres y trató de cortarle el paso defendiendo los puentes y vados sobre el río Somme, pero Enrique logró cruzar por sorpresa cerca de Nesle. Aún así, Albret logró cerrarle el paso en Azincourt. El 24 de octubre, Enrique V, con sus tropas agotadas por las marchas y contramarchas, se vió frente al ejército francés, pero no tuvo que combatir ese día, porque los caballeros franceses se habían dispersado buscando buenos alojamientos. El rey inglés hubiera tenido que atacar para intentar abrirse paso hacia Calais, pero conocía la mentalidad francesa y escogió un buen lugar para un combate defensivo, en el que sus arqueros desharían los ataques enemigos y luego sus caballeros rematarían la derrota francesa.

Enrique V desplegó a su ejército con las alas apoyadas en dos bosques, que no permitían el paso de la caballería y así protegió sus flancos. Al frente creó una defensa con miles de estacas afiladas a solo 200 m de la primera línea francesa, y detrás de ellas, una primera línea de 3.000 arqueros. En el bosque de Trémecourt, que protegía su ala derecha, emboscó otros 500 arqueros para que atacaran de flanco y por sorpresa a los caballeros franceses cuando cargasen. En una segunda línea colocó peones y escuderos, con el centro reforzado y adelantado, y un grupo de caballeros detrás de cada ala de infantes; él, desmontado, se colocó al frente de los peones con un grupo de caballeros y grandes señores también a pie. No dejó soldados para proteger su campamento. De todos modos, viendo la desproporción numérica, Enrique V intentó negociar una salida honorable, pero le exigieron renunciar oficialmente a la corona de Francia y devolver Harfleur; no fue posible el acuerdo. Arengó a sus hombres diciéndoles que el rey de Francia había prometido cortar tres dedos de la mano derecha de todos los arqueros ingleses, para que no pudieran volver a disparar en su vida.

LA BATALLA DE AZINCOURT (1415)

El plan francés consistía en atacar a los arqueros ingleses y ponerlos en fuga, atacar al mismo tiempo al ejército inglés por la retaguardia para crear confusión, y avanzar en bloque y de un modo coordinado con los peones, los caballeros y los hombres de armas a pie y a caballo para derrotar el grueso inglés. El gran problema francés era el mando: el rey Carlos VI estaba loco, el delfín Luis estaba enfermo y no se preocupaba del ejército; los duques Juan de Borgoña y Carlos de Orleáns estaban enfrentados a muerte, y Juan de Valois, Duque de Alençon, era inexperto. Por eso se había nombrado a d'Albret y Boucicault como jefes, aunque tenían que escuchar a los duques de Borgoña y Orleáns.

Las primeras descargas de flechas inglesas hicieron retirarse a los ballesteros para colocarse fuera del alcance de los ingleses, y desquicia-

Miniatura medieval que representa a Eduardo III de Inglaterra en la batalla de Azincourt.

ron a la vanguardia francesa; el almirante de Brabante cargó sin esperar órdenes. El terreno más seco favoreció la carga y llegó hasta la línea de arqueros, con muchas bajas, pero rompió la parte derecha de la línea inglesa. El condestable d'Albret tuvo que cargar también, pero el terreno estaba enfangado y cuando llegaba al contac-

Representación del arte militar en La batalla de Azincourt, *donde se reconocen el duque de Orleán y el duque de Borbón que han caído prisioneros. Miniatura extraída de las* Vigilias de Carlos VII, *de Marcial D'Auvergne. Finales del siglo XV. Biblioteca Nacional Francesa.*

La batalla de Castillon, *de Charles-Philippe Larivière. 1839. Galería de las Batallas del Palacio de Versalles, París, Francia. Esta batalla, librada el 17 de julio de 1453, fue la última de la Guerra de los Cien Años.*

tacada y entonces el ejército francés se amontonó ante la línea de arqueros, sin poder maniobrar ni hacer uso de sus armas. Las primeras líneas de arqueros dejaron el arco y combatieron con hacha y espada. Unos 6.000 caballeros franceses murieron en el tumulto, entre ellos el condestable, y 2.000 más cayeron prisioneros; en cambio los ingleses tuvieron menos de 1.000 muertos. A pesar de todo, un grupo de caballeros franceses a pie lograron llegar hasta donde estaba el rey inglés, mataron al duque de York y el duque de Alençon asestó un mazazo a Enrique V, que se salvó gracias a su casco; Alençon fue degollado por un peón inglés cuando trataba de rendirse.

La tercera línea francesa decidió retirarse sin combatir. Pero por la tarde, cuando ya la batalla había acabado, un grupo de caballeros franceses locales atacó el campamento inglés, empezaron a saquearlo, y mataron a algunos de los pajes y escuderos no combatientes que estaban en él. Este incidente coincidió con un ataque intempestivo de la tercera línea francesa, que consideró que sería un deshonor retirarse sin combatir. Aunque este ataque volvió a estrellarse ante la estacada de los arqueros, a los ingleses les entró el pánico y Enrique V ordenó degollar a los prisioneros; aunque los caballeros ingleses se negaron a matar a cautivos desarmados, los peones y arqueros mataron

to con la primera línea inglesa, surgieron los arqueros ingleses del bosque de Trémecourt; sus flechas derribaron muchos caballeros y caballos, provocando el pánico y la estampida de los corceles. Mientras, Enrique V rehízo toda su línea y, cuando el duque de Alençon cargó con la segunda línea francesa, logró detenerles en la esa casi todos los prisioneros. Con esta matanza acabó la batalla.

FIN DE LA GUERRA DE LOS CIEN AÑOS (1429-1453)

Azincourt le dio a Enrique V la posesión de toda Normandía. Luego se casó con la princesa Catalina, hija de Carlos VI, y fue reconocido como heredero de la corona de Francia. Fallecidos Carlos VI y Enrique V, el hijo de este, Enrique VI, fue reconocido rey de Francia y de Inglaterra, a pesar de que Carlos VI había dejado un hijo varón, el futuro Carlos VII. La Francia del sur proclamó rey a Carlos VII, apoyado por el partido *armagnac*. Gracias a la intervención de Juana de Arco y algunos buenos generales, derrotó a los ingleses en Orleáns y fue coronado en Reims. Aunque Juana de Arco cayó prisionera de los ingleses, que la mataron acusándola de bruja y hereje, Carlos VII consiguió el apoyo de todos los franceses, incluso del Duque de Borgoña, y expulsó a los ingleses de Francia, excepto de Calais. Así acabó la Guerra de los Cien Años.

LA RECUPERACIÓN DEL ARTE MILITAR AL FINAL DE LA EDAD MEDIA

En la actualidad se considera que el arte militar se divide en cuatro ramas principales: estrategia, táctica, orgánica y logística. Los romanos fueron un modelo en las cuatro ramas. Aunque su civilización desapareció de Roma y de Italia durante la Edad Media, sus enseñanzas pervivieron de un modo u otro y finalmente reaparecieron en el Renacimiento, cuando muchos de los reyes y grandes capitanes trataron de volver al modelo clásico (o al menos a lo que se conocía de él), debido a la aparición de las armas de fuego, ya que los castillos habían perdido mucho valor. La estrategia de defensa estática de fortificaciones dejó paso a la de batalla en campo abierto, con ejércitos formados por una integración de varias armas, que volvió a dar la primacía a la infantería. Había que volver al ejército profesional como en tiempos de Roma.

El ejército francés. El ejército francés en Azincourt estaba bajo el mando de dos veteranos soldados, el condestable Charles d'Albret y el mariscal Jean le Maingre (apodado Boucicault). Constaba de unos 32.000 hombres: 7.000 caballeros, 20.000 piqueros de infantería y unos 2.000 arqueros y 3.000 ballesteros; además había unos 8.000 escuderos no combatientes. Contaba con 10 piezas de artillería tipo bombarda, que casi no intervinieron en la batalla. Sus jefes les distribuyeron en una primera línea con dos alas de caballería pesada y un fuerte centro con 2.400 caballeros y 8.000 piqueros, peones y escuderos, mandados personalmente por el condestable; el almirante Clignel de Brabante mandaba el ala izquierda y el conde de Vendôme el ala derecha. Una segunda línea mandada por el Duque de Alençon con 6.000 infantes y los 2.000 arqueros y ballesteros, y una tercera línea con 6.000 caballeros, acompañados de 16.000 a 20.000 escuderos armados, que actuarían como reserva.

LOS EJÉRCITOS NACIONALES PERMANENTES, INSTRUMENTO PARA EL RENACER DEL ARTE MILITAR

El instrumento que permitió este renacer del Arte Militar fueron los ejércitos nacionales, profesionales y permanentes, que empezaron a aparecer a finales de siglo XV, aunque ya antes las milicias suizas o los lansquenetes habían iniciado el retorno al modelo clásico, casi sin conocerlo, sino solo porque las clásicas virtudes de honor, abnegación, disciplina, compañerismo y sobriedad son las que hacen que un ejército sea superior a los demás, aunque a veces esté en inferioridad numérica; cuando a su frente está un general superior, este sabe ser más fuerte que el enemigo en el punto clave y derrota a ejércitos muy superiores en número y que disponen de los mejores avances técnicos (como por ejemplo de la mejor artillería), pero no saben sacar todo el partido de ellos. Después de 1.000 años, se volvió al punto de partida.

Desembarco de Colón, *de John Vanderlyn. 1847.*
Óleo sobre lienzo, 365 x 548 cm. Capitolio de Estados
Unidos, Washington, EE. UU.

Los **ejércitos**
y el Descubrimiento de
América

El renacimiento
militar y los ejércitos

En esta época casi todos los estados europeos pasan de los ejércitos medievales, que se reclutaban para una campaña de unos meses y se despedían al acabarla, a un ejército regular, permanente (puede ser de recluta forzosa en todo o en parte) y pagado por el Estado. Además, para algunas campañas se contratan tropas profesionales adicionales, casi todas de infantería, entre las que destacan los piqueros suizos, los lansquenetes alemanes, las tropas turcas y la formación de las marinas.

L a artillería ya tenía un papel importante antes del Renacimiento en los sitios de fortalezas y plazas fuertes. No se sabe con seguridad quién inventó la pólvora, pero los chinos emplearon unos cañones muy primitivos ya en el siglo XI y un cronista francés atribuía la derrota francesa en Crécy (1346) a la artillería inglesa. Pero el efecto de estos cañones primitivos sobre los ejércitos de caballeros feudales y sus mesnadas era más moral que efectivo. Eran muy engorrosos de manejar y transportar, tenían tendencia a explotar por haber excedido la carga límite de pólvora o por mantenimiento, su alcance era limitado y su potencia reducida, por lo que no eran adecuados para los ejércitos en campaña; pero sí fueron muy útiles en las guerras de sitio, para derribar fortalezas y abrir brechas en las murallas de las grandes plazas fortificadas. Por eso los cañones se emplearon fundamentalmente en las guerras de sitio. Las catapultas y otras máquinas de sitio rompían las puertas o lanzaban proyectiles contra los sitiados dentro de los muros; pero los cañones hacían caer muros y torres. En 1453, los cañones de Mehmet II abrieron brechas en las murallas de Constantinopla, por las que entraron en la ciudad las tropas turcas, que pusieron fin al Imperio bizantino.

Carlos VIII de Francia. *Siglo XV. Óleo sobre tabla, 36,5 x 27 cm. Museo Condé, París, Francia.*

LA ARTILLERÍA: UN ARMA DE REYES

La artillería francesa del siglo XV fue una de las más numerosas y mejor organizadas de su época. Los cañones de los hermanos Bureau y Pierre Besonneau, maestre general e inspector de la artillería del rey, ayudaron a reconquistar 60 plazas fuertes, de 1449 a 1450. Carlos el Temerario, duque de Borgoña, invirtió buena parte de su fortuna en crear una artillería que rivalizaba con la de cualquier monarca. En Brusthem, en 1467, la artillería borgoñona destrozó a 16.000 soldados de Lieja sin ayuda de la caballería; pero en Granson, cuando fue derrotado por los suizos, abandonó más de 400 bocas de fuego entre cañones, culebrinas y arcabuces.

> La artillería incipiente era insegura y poco eficaz, hasta que Carlos VIII de Francia mandó construir sus ligeros y potentes cañones de bronce

La invasión de Italia por Carlos VIII de Francia marcó la transición entre las campañas medievales y la guerra moderna. Los cañones de bronce de Carlos VIII eran suficientemente ligeros para transportarlos en grandes carretones de campaña y podían resistir cargas de pólvora bastante potentes. Su tiro derruía los muros de las fortalezas a un ritmo muy rápido y de este modo el avance francés a través del norte de Italia fue una especie de *blitzkrieg* (guerra relámpago) para su época. Su único inconveniente era que su escasa movilidad no permitía un buen uso en las batallas campales; solo eran realmente útiles en los sitios.

LOS SUIZOS: UN MODELO DE EJÉRCITO CIUDADANO

Desde el final del siglo XIV la infantería de los cantones suizos tenía fama de temible. En 1315 las milicias comunales suizas de los cantones de Uri, Unterwald y Schwyz habían derrotado en el desfiladero de Morgarten al duque Leopoldo I de Austria, quien salió vivo de milagro. En 1386 su nieto Leopoldo III de Austria había reunido un ejército de 4.000 hombres para enfrentarse a los ocho cantones aliados contra él; regresaba victorioso de Alsacia y estaba seguro de su victoria frente a los pastores de los Alpes. El duque amagó hacia Zúrich y luego se lanzó por sorpresa hacia la alta Argovia para atacar Lucerna; los suizos reunieron 1.200 hombres para enfrentarse a él cerca del lago de Sempach. Leopoldo hizo echar pie a tierra a sus caballeros que formaban una falange, cuyas lanzas en ristre parecían un erizo infranqueable. En cambio, los suizos llevaban todo tipo de armas, sobre todo alabardas; casi ninguno tenía armadura, aunque los de la primera fila llevaban unos pequeños escudos en el brazo izquierdo.

Los suizos atacaron en cuña, pero no pudieron romper el erizo de sus enemigos. En el segundo ataque, Arnold Strutthan de Winkelried, del cantón de Unterwald, se sacrificó agarrando todas las lanzas que pudo, neutralizó parte de la defensa y abrió una brecha por la que entraron sus compañeros. Los alabarderos hicieron una matanza de los caballeros, cuyas armaduras no les protegían y sus largas lanzas eran inútiles en el cuerpo a cuerpo. Leopoldo y la mayoría de sus

Ilustración de la batalla de Morgarten, el 15 de noviembre de 1315, dentro de la Crónica de Bendicht Tschachtlan. *1470. Biblioteca Central de Zúrich, Suiza. Como curiosidad, a la izquierda, está representado un bufón de la corte vestido de rojo.*

Abajo, ilustración de la batalla de Arbedo, en 1422. También pertenece a la Crónica de Bendicht Tschachtlan. *1470. Biblioteca Central de Zúrich, Suiza. Pueden verse en primer plano las tropas de la confederación suiza y al fondo, las tropas de Milán.*

LA INFANTERÍA VUELVE A SER LA PROTAGONISTA

Lo primero que recuperó su importancia en la guerra de movimientos y en las batallas campales fue el arcabuz. Combinado con la pica, la alabarda y la fortificación de campaña, volvió a dar a la infantería el papel principal en las batallas que había perdido en la Edad Media. A partir de las guerras de Italia, la nueva infantería que sustituía la ballesta por el arcabuz podía enfrentarse a la caballería con éxito. Por ejemplo, en 1503 el Gran Capitán, Gonzalo Fernández de Córdoba, derrotó a los franceses en la batalla de Ceriñola, rechazando el ataque de su caballería y luego el de los piqueros suizos con el fuego de los arcabuceros españoles fortificados; después, organizó un contraataque que derrotó a los franceses y causó la muerte de su general. El gran problema táctico de los siglos XVI y XVII fue cómo resolver el problema de combinar las armas de fuego y las armas blancas (sobre todo la pica) para obtener el máximo efecto de la fuerza de choque, la potencia de fuego, la movilidad y la capacidad defensiva. La primera gran solución duradera fue el Tercio español. Arriba, *el Gran Capitán*, de Federico de Madrazo. 1835. Óleo sobre lienzo, 187 × 134 cm. Museo del Prado, Madrid, España.

caballeros perecieron en el desastre. El duque había declarado: «¡Quiero vencer o morir sobre las tierras de mi herencia!». El orgullo insensato de los señores feudales les había llevado a la muerte inútilmente.

LAS PRIMERAS GRANDES VICTORIAS DE LA INFANTERÍA SUIZA

GRANSON. En 1476 Carlos el Temerario, duque de Borgoña, se enfrentó a Segismundo del Tirol, landgrave de Alsacia, a los suizos coaligados con este y a René de Vaudemont, futuro duque de Lorena. Carlos entró en campaña con un ejército de 40.000 soldados profesionales venidos de casi toda Europa y la mejor artillería del momento; con 30.000 borgoñones se enfrentó el 2 de marzo de 1476 a 20.000 hombres de las milicias suizas. La primera carga de la caballería pesada borgoñona, formada en cuñas, se estrelló frente a las picas de los suizos. Un nuevo contraataque fracasó frente a los cuadros de los suizos. La llegada de refuerzos de otros cantones puso en fuga al ejército de Carlos el Temerario, que solo había perdido 400 hombres.

> Aunque Carlos el Temerario contaba con el mejor ejército de la época (soldados profesionales y artillería envidiable) no pudo vencer a Suiza

MORAT. Con su inmensa fortuna, el duque de Borgoña reunió en un mes un ejército de 35.000 hombres. En junio de 1476 puso sitio a Morat, que resistió hasta la llegada de un ejército de socorro, formado por milicias suizas y las tropas de Alsacia y Lorena. Los confederados contaban con 25.000 piqueros y 4.000 caballeros. Carlos estaba informado por sus avanzadillas y esperó al ejército enemigo en un lugar donde podía desplegar bien a sus tropas. Situó la artillería de su lado derecho

Izquierda, ilustración de la infantería confederada contra la caballería borgoñona en la batalla de Grandson.
Derecha, ilustración del asedio de Morat por Carlos el Temerario. Ambas pertenecen a las Crónicas de Berna
(1474-1483), de Diebold Schilling el Joven.

en una garganta abrupta cortada por el arroyo Burggraben, desde donde podrían cañonear de flanco a los suizos. En el centro, detrás de una empalizada y un profundo foso (el Grunhag) se situaba la mayor parte de su infantería y de la artillería que no estaba batiendo las murallas de la ciudad; así pensaba frenar a los suizos, mientras los gendarmes de su ala derecha cargarían por el flanco para dejar sin salida a los suizos y lograr una victoria definitiva. El 22 de junio fue nublado y lluvioso. Carlos no había enviado exploradores y no sabía qué intenciones tenían los coaligados, pero estaba seguro de que atacarían, por lo que mantuvo a sus hombres en línea de batalla, bajo la lluvia, hasta el mediodía. Entonces retiró a casi todo su ejército, dejando en el Grunhag solo 2.000 infantes y 1.200 jinetes. El ejército borgoñón se refugió en las tiendas después de haberse calado toda la mañana. Entonces fue cuando atacaron los suizos. La vanguardia estaba formada por

unos 1.200 jinetes y 6.000 soldados de infantería ligera; detrás venían el cuerpo central con 11.000 piqueros y alabarderos, y luego otros 7.000 hombres. Cuando los piqueros cargaron, la artillería borgoñona les cañoneó de flanco y les provocó muchas bajas, así que el primer asalto frontal se vio detenido en el Grunhag, mientras el ejército borgoñón se armaba y organizaba apresuradamente. Pero antes de que hubiera acabado de armarse, una segunda embestida suiza encontró un hueco en el foso central y flanqueó la posición, tomando su artillería; entonces los suizos cogieron de flanco a los borgoñones y volvieron contra ellos los cañones.

Carlos intentó reorganizar una segunda línea, pero los suizos no le dieron tiempo. Intentó formar una línea con los arqueros ingleses, pero su jefe murió antes de dar la orden de disparar. Los gendarmes del Ducado de Borgoña derrotaron a los caballeros del duque de Lorena, pero

Arriba, grabado en madera de la infantería suiza en el siglo XV, de Adolf Closs.

NACIMIENTO DE LA INFANTERÍA SUIZA DOTADA DE PICAS LARGAS REGLAMENTADAS

Después de la lección de Arbedo los suizos decidieron armarse con unas largas picas de madera de fresno de 18 pies (5'85 m), capaces de herir el pecho de un caballo antes de que la lanza de su jinete llegase al piquero. Las alabardas no desaparecieron, pero su número se redujo, ya que se reservaban para la segunda fase: las picas paraban a los caballos y las alabardas atacaban a los caballeros ya desmontados. También empezaron a usar un casco metálico y una armadura reducida. La espada (larga o corta) se llamaba *Schweizerdegen*. A partir de 1450, la infantería suiza incorporó un arcabucero por cada dos piqueros, uno cada cuatro durante el siglo XVI.

EL CÓDIGO CASTRENSE SUIZO

• Los suizos tenían el hábito de arrodillarse y rezar antes de combatir, lo cual hizo creer a los borgoñones en Granson que pedían gracia en lugar de entrar en combate.
• Las milicias cantonales suizas mantenían una estricta disciplina en el campo de batalla basada en cuatro artículos:
1.º Todo soldado tiene el derecho y el deber de ejecutar al que se deje dominar por el pánico.
2.º Está prohibido el pillaje hasta el final de la batalla.
3.º El primero que huya del campo de batalla será ejecutado.
4.º No se hacen prisioneros.

LOS SUIZOS AL SERVICIO DEL EXTRANJERO

Estas victorias de los piqueros suizos establecieron su reputación y numerosos monarcas y señores extranjeros les contrataron para sus ejércitos. El primero que los contrató fue Luis XI de Francia, que enroló 6.000 suizos para la conquista del Franco-Condado. Cuando llegó la paz en 1480, los utilizó como instructores de su infantería. Antes de 1500 formaban parte de los ejércitos de la Serenísima República de Venecia y del Ducado de Milán y desde 1506 constituían la guardia del papa Julio II; Carlos VIII, Luis XII y Francisco I de Francia contrataron gran número de suizos, hasta que estos sufrieron su primera gran derrota en Marignano (1515) y luego en Pavía (1525). En la imagen de la izquierda, Retrato de Nikolaus Manuel el Joven, *mercenario suizo y artista, vestido a la manera de los Reisläufer, con alabarda, daga suiza y espada bastarda. En la parte superior se puede leer el lema «La suerte está de mi lado, me asista la razón o no. 1553. Mi edad, 25 años». Museo de Historia de Berna, Suiza.*

no pudieron hacer frente al tercer cuerpo de piqueros. Carlos ordenó retirarse para formar una línea más atrás, pero la guarnición de Morat hizo una salida y envolvió a su ejército, que se dio a la fuga; él se salvó de milagro.

NANCY (1477), LA ÚLTIMA DERROTA DE CARLOS EL TEMERARIO

Carlos de Borgoña reunió un último ejército de 6.000 hombres y en diciembre sitió Nancy, que había sido conquistada por el duque René de Lorena, que partió a pedir ayuda a los suizos. Los sitiadores sufrieron los rigores del invierno y 400 borgoñones murieron de frío la noche de Navidad. El 5 de enero de 1477 René llegó a la cabeza de una vanguardia de 7.000 infantes y 2.000 caballeros, todos ellos veteranos, a los que se habían unido contingentes de alsacianos, loreneses y franceses; otros 8.000 piqueros suizos con 1.200 caballeros les seguían. El duque de Borgoña situó su ejército detrás de un arroyo para frenar el ímpetu de los piqueros enemigos, con las compañías de gendarmes desmontados creando un cuadro con 30 cañones, mientras sus caballeros montados formaban las alas junto con hombres armados de machetes.

El duque René vio el despliegue de Carlos y pensó que un ataque frontal sería una carnicería, así que la vanguardia atacó el ala derecha enemiga, la caballería de Lorena amagó de frente a la artillería borgoñona para distraerla, y los 10.000 hombres del cuerpo central suizo efectuaron una marcha de flanco entre los bosques y cayeron sobre el ala izquierda enemiga. Cuando los piqueros salieron de los bosques, estaban detrás del ejército borgoñón, cuya artillería solo pudo hacer una descarga inefectiva; aunque su caballería del ala derecha cargó valientemente, los piqueros suizos arrollaron a la infantería borgoñona, inferior en número. Por el otro lado, la infantería lorenesa derrotó al ala izquierda borgoñona. Carlos de Borgoña puso en fuga a los caballeros de René, pero se vio arrollado y pereció destrozado por los alabarderos suizos.

Descubrimiento del cuerpo de Carlos el Temerario tras la batalla de Nancy, *de Charles Houry. 1862. Museo Lorraine, Nancy, Francia.*

LA GRAN DERROTA DE MARIGNANO (1515)

Francisco I de Francia decidió ejercer los derechos de su esposa Claudia de Orleáns al Ducado de Milán y en agosto de 1515 cruzó los Alpes con un ejército de 45.000 hombres compuesto por soldados profesionales gascones y navarros, mercenarios de los Países Bajos, lansquenetes alemanes y caballeros franceses; su artillería contaba con 60 cañones de bronce. Ludovico Sforza, duque de Milán, contaba básicamente con 30.000 piqueros y alabarderos suizos. A primeros de septiembre, Francisco I acampó y se fortificó en los alrededores de Marignano, en la ruta de Milán a Lodi. El 13 de septiembre los suizos atacaron el campamento francés; apoyados por algunos caballeros italianos, iniciaron la marcha formados en tres columnas: en la derecha los de Zúrich, en la del medio los de los cantones centrales y en la izquierda los de Lucerna y Basilea. El ejército francés les esperó formado en tres líneas, con infantería, caballería y artillería en la primera y segunda línea, apoyadas en buenas fortificaciones. Francisco I

mandaba la segunda línea y el mando total lo ejercía el duque de Borbón, el mejor general francés del momento. Los cañones franceses abrieron huecos en las columnas, pero la columna suiza de la izquierda tomó siete cañones y creó una brecha en la primera línea francesa; aunque los refuerzos lograron detener esta penetración, las otras dos columnas arrollaron la primera línea francesa y llegaron hasta la segunda línea. Los gascones recularon lentamente, y los lansquenetes alemanes y la segunda línea francesa mantuvieron sus posiciones. La lucha siguió hasta la medianoche.

Al día siguiente (14 de septiembre) los suizos volvieron a atacar; la columna central se estrelló contra el centro francés, bien fortificado y con muchos cañones y arcabuceros; los gendarmes tuvieron que cargar varias veces para mantener la línea francesa. A las 10 horas de la mañana se oyó gritar «¡San Marco!»; llegaba la caballería veneciana, aliada de Francisco I, que atacó por la espalda a los suizos. Los suizos empezaron a replegarse en buen orden, pero grupos aislados cayeron en manos de los lansquenetes, que los acuchillaron sin piedad. Las pérdidas de los suizos fueron de unos 10.000 hombres (la mitad de su ejército), mientras que los franceses perdieron unos 8.000 hombres.

Francisco I en la batalla de Marignano, de Alexandre-Évariste Fragonard. Palacio de Versalles, París, Francia.

ENSEÑANZAS Y CONSECUENCIAS DE MARIGNANO

Esta batalla demostró la importancia de la artillería, de las fortificaciones de la infantería y del buen empleo de la caballería contra los flancos de los suizos. Francisco I se apoderó temporalmente del Ducado de Milán, lo cual le enfrentó con Carlos V de Alemania. Tras Marignano, Francisco I firmó la Paz Perpetua con los suizos, que a partir de este momento formaron siempre parte del ejército francés hasta 1830.

LOS LANSQUENETES

Creación. A finales del siglo xv el emperador Maximiliano I de Alemania decidió crear una infantería alemana a imitación de la suiza. Para ello utilizó a los palafreneros, criados y soldados con picas que acompañaban a los caballeros alemanes. Estos soldados recibieron el nombre de *Landsknechte* (lansquenetes) u «hombres de la llanura», por oposición a los suizos u «hombres de la montaña». Esta nueva infantería no tardó en labrarse una magnífica reputación en Europa y todos los soberanos europeos trataron de tenerlos a su servicio, sobre todo después de las batallas de Marignano (1515) y Pavía (1525), en las que los suizos se vieron tan severamente derrotados. Solo los igualaban en combate los suizos y los españoles.

Organización. El organizador de estas tropas fue Georg von Frundsberg, que tomó como modelo a los suizos, con algunas variantes que hicieran de los lansquenetes un instrumento militar del Imperio alemán. Consiguió que los jóvenes aventureros y la pequeña nobleza sin fortuna sirvieran bajo los coroneles (*Obersten*), que normalmente eran nobles. Cada coronel (*Oberst*) mandaba una banda o regimiento de 10-16 compañías (*Fähnlein*) de 400 hombres, cada una con un capitán (*Hauptmann*), un primer teniente (*Oberleutnant*), un segundo teniente (*Leutnant*) y un alférez (*Fähnrich*) como oficiales. Cada lansquenete debía tener sus armas propias, un jubón y calzado. Llevaban unas anchas gorras, que adornaban con plumas.

Exigencias suizas. Los suizos tenían fama de buenos soldados, pero también de exigentes y caprichosos. A veces rehusaban combatir en terreno accidentado y siempre reclamaban sus pagas regularmente; de ahí la expresión «point d'argent, point de suisses» («Si no hay dinero, no hay suizos»). Por otro lado, como recordaba otro axioma: «Si no se tiene a los suizos contigo, se les tiene contra ti», por lo que más de un rey pagaba lo que fuera necesario. En la imagen, ilustración de las *Crónicas de Berna* (1474-1483), de Diebold Schilling el Joven. En ella puede observarse cómo Ludovico «El Moro» es entregado por sus mercenarios suizos (izquierda) a las fuerzas francesas (a la derecha) en el enfrentamiento al Novara en 1500. El ejército francés también tuvo un fuerte contingente de mercenarios suizos. Los soldados suizos en ambos lados se negaron a luchar entre sí, y, finalmente, el rey francés accedió a que las tropas suizas de Ludovico se retiraran pacíficamente. Sin embargo, el acuerdo no cubría al propio Ludovico. Sus mercenarios suizos le disfrazaron como a uno de los suyos y trataron de sacarlo con ellos, pero fue reconocido y tuvo que ser entregado, muriendo finalmente en 1508 bajo custodia francesa.

COSTUMBRES DE LOS LANSQUENETES

Los lansquenetes, como los suizos, antes de entrar en combate, tenían la costumbre de arrodillarse y rezar una oración, tras la que besaban el suelo o se echaban encima un puñado de tierra. Esta costumbre devota fue común a católicos y protestantes.

En las imágenes, arriba, *grabado de un lansquenete de Hans Holbein el Joven en 1522*. Abajo, *grabado de lansquenetes suizos de Daniel Hopfer en 1530*.

FINANCIACIÓN DEL EJÉRCITO

Todos estos cuerpos estaban financiados por sus feudos, pues las tierras de los vencidos eran repartidas entre los generales, los oficiales y las tropas, que tenían asegurado su sustento gracias a los campesinos sujetos a la tierra como siervos, que debían pagar para mantener a los guerreros. Además las tierras del imperio estaban divididas en sanjacados o provincias que, en caso de necesidad, debían presentar contingentes adicionales de jinetes, bajo un jefe elegido por ellos. Este sistema podía proporcionar hasta 60.000 jinetes adicionales.

Bajo Carlos V, se organizaron regimientos con solo ocho compañías de 300 hombres cada una.

Los lansquenetes se consideraban una sociedad especial de soldados, que hacía hincapié en la lealtad a su compañía. Tenían un rígido código de leyes; el coronel tenía derecho de veto, pero los oficiales no solían revocar una decisión de los lansquenetes de su unidad. Si faltaba el dinero, la disciplina se resentía. La mayoría de los lansquenetes eran de Renania y los más renombrados los de Suabia; luego se admitieron reclutas de Limburgo, de Alsacia, de Luxemburgo y de los cantones suizos germanófonos.

> Hasta el siglo XVII, los lansquenetes fueron la esencia de la infantería alemana. Su valor en la batalla se contraponía con su extrema crueldad tras ella

Los lansquenetes formaron la columna vertebral de la infantería alemana y fueron el modelo de los primeros regimientos de infantería de otras naciones. Tenían fama de buenos soldados, mejores que las tropas mal instruidas de otras naciones, pero crueles tras la batalla. En Bélgica aún se recuerda cómo 12 lansquenetes belgas fueron ejecutados como castigo por los crímenes contra sus compatriotas. Los lansquenetes desaparecieron a partir de 1618.

Armamento. Su arma fundamental era la pica, algo más corta que la de los suizos (solo de 3-4 m de largo), que manejaban cogiéndola por la punta para hacerla más larga. Los lansquenetes cargaban con la pica en una posición baja, contrariamente a los suizos y los franceses, que llevaban la punta a la altura del pecho. Un buen porcentaje de los regimientos estaba armado con arcabuces y muchos llevaban coraza y el casco llamado *Sturmhaube* o borgoñota. Sus espadas cortas se llamaban *Katzbalger* («destripagatos»).

LOS TURCOS: UNA MAREA IMPARABLE EN LOS BALCANES

A principios del siglo XVI Turquía era un imperio amenazado por tres flancos: al este, los safávidas de Persia amenazaban las fronteras; al norte, Hungría era un país rico y guerrero, con el imperio de los Habsburgo detrás; al oeste, en el frente del mediterráneo y África del Norte, Carlos V disponía de la marina aragonesa. Pero el ejército turco parecía invencible por los numerosos recursos del Imperio turco, la experiencia de otras campañas, el hábito de la victoria y la dureza de su adiestramiento; también se alababan su unidad, disciplina, frugalidad y espíritu de vigilancia. Resaltan su falta de interés por las fortificaciones estáticas, su amor por la guerra y la ofensiva, su capacidad de actuar por maniobras directas, la calidad de sus mandos y el desdén por las nimiedades. Llamaban la atención el orden de sus campamentos, el silencio que reinaba en ellos y la salubridad de sus letrinas.

LAS TROPAS DEPENDIENTES DEL SULTÁN Y EL EJÉRCITO DE LAS PROVINCIAS

Después de la toma de Constantinopla en 1453, el ejército turco había conseguido la caballería pesada, los arqueros a caballo, una infantería muy disciplinada y una buena artillería. Estaba compuesto de tropas permanentes y temporales. A las tropas permanentes se les llamaba *Kapikular Askerleri* (Soldados Esclavos de la Sublime Puerta) y eran la guardia del sultán, a pie (los jenízaros) y a caballo (los *spahis*, jinetes armados de cota de malla). También estaban la caballería de los feudatarios (llamadas *sipahi* o *timariotas*), los jenízaros normales de infantería, la artillería y los ingenieros. La guardia a caballo del sultán la formaban los mejores *spahis* y algunos jinetes balcánicos y húngaros. La guardia de corps estaba formada por unos 300 oficiales veteranos. Las armas de los *spahis* eran una lanza, un venablo, un arco compuesto y un sable de hoja curva; también podían llevar un hacha y una maza de armas. Podían usar corazas ligeras

Los jenízaros: su reclutamiento e instrucción. La infantería de los jenízaros (en turco *yeni çeri*, que significa «nuevas tropas») provenía de las levas de jóvenes reclutas islamizados arrancados cuando eran niños (7-10 años) de los pueblos conquistados. Cada año se reclutaban de 1.000 a 3.000, según las necesidades; las familias lo aceptaban con la esperanza de que su hijo pudiera alcanzar un puesto militar o administrativo elevado, que garantizaría a la familia riqueza y protección. Los más inteligentes se enviaban a la Escuela de Pajes del Palacio, como *Itch Oglangari*. Los mejores alumnos pasaban a la Cámara Alta o Baja del Palacio, donde estudiaban estrategia y administración. Los demás pasaban a la caballería como *Kapikullari*. En 1475 había 3.000 soldados de caballería de la Guardia del Palacio del Sultán. Los otros reclutas, llamados *Acemi Oglangari* («niños extranjeros»), pasaban a las unidades de infantería. Se les prestaban a familias turcas para que aprendieran la lengua, y luego se les educaba en los cuarteles, donde aprendían la disciplina. Después de seis años de adiestramiento, se les enviaba a cubrir las bajas de las unidades. En la imagen, *Sipahis en la batalla de Viena*, de G. Jansoone.

y el turbante reforzaba la protección de sus gorros o cascos.

También contaba con un cuerpo de pontoneros, muy adelantado a su tiempo. Llevaban pontones prefabricados y construían puentes fortificados de madera. En 1526 los zapadores turcos tendieron un puente de barcas de 332 m de longitud y 2'4 m de anchura sobre el río Drava. Además, el ejército de las provincias (*Eyâlet Askerleri*) contaba con la caballería de los *akinyis*, la infantería de los *azaps* o milicias locales, que eran mayoritariamente turcas, los exploradores *winaks* y las tropas irregulares. Solimán el Magnífico tenía unos 36.000 soldados regulares, entre jenízaros, caballería y artillería; los *timariotas* eran unos 50.000 y las tropas irregulares, unos 60.000. Hay que tener en cuenta que cada *sipahi* iba acompañado por una unidad de infantería *voynik* (cristianos de los Balcanes, que eran como sus siervos o feudatarios).

ORGANIZACIÓN Y ARMAMENTO DE LOS JENÍZAROS

Los jenízaros formaban una infantería comparable a las mejores de la Europa cristiana. Al principio actuaban como arqueros a pie, pero luego emplearon el arcabuz. Además de formar algunos de los mejores generales del ejército turco, de entre ellos salían los mejores oficiales de Estado Mayor y los mejores artilleros. Los jenízaros estaban organizados por regimientos. Cada regimiento (*orta*) constaba de 100 a 1.000 soldados, según la ocasión. Hacia 1526 Solimán el Magnífico (conocido entre los turcos por *Suleiman Kanuni* o Legislador) tenía 10.000 o 12.000 jenízaros de infantería, de 5.000 a 6.000 jinetes *Kapikullari* y 700 artilleros en su guardia.

FORMACIONES DE LOS TURCOS EN BATALLA

En el siglo XV los turcos solían desplegar delante una línea de infantería de *azap* con algunos cañones y, en segunda línea, más *azap* con la caballería aliada (*müterferrika*). Los flancos estaban protegidos por los *sipahi*, con la caballería ligera de los *akincilari* por delante. La caballería ligera atraía al enemigo hacia los *azap*, que absorbían el primer choque y se apartaban hacia los flancos para que la artillería y los jenízaros abrieran el fuego. Luego los *sipahi* envolvían al enemigo y lo perseguían.

LA CABALLERÍA AUXILIAR TURCA:
LIGERA, RÁPIDA E IMPLACABLE

A los europeos lo que más les sorprendió fue la caballería auxiliar turca, que formaba unidades ligeras y rápidas que surgían de cualquier parte antes de desaparecer igual de bruscamente. Estaba reclutada entre los nómadas turcomanos, denominados *akincilari*. Su misión en campaña era el reconocimiento, la ruptura de las comunicaciones y de las líneas logísticas del enemigo,

A la izquierda, ilustración de soldados de infantería jenízaros turcos. A la derecha, miniatura otomana que representa la batalla de Mohács en 1526 con Solimán el Magnífico al frente de las tropas turcas.

LA MARINA TURCA

En 1470 la flota turca contaba solo con 92 galeras, pero en pocos años llegó a más de 500. Cada vez que conquistaban un país con litoral, creaban una base para su marina de guerra. El *Kapudan Pasha* o gran almirante podía ser incluso un extranjero renegado, como Hair-ed-Din (o Jaireddín) Barbarroja, un renegado cristiano (en la imagen). En ocasiones ofrecían buenas condiciones de capitulación y las respetaban, como en Rodas.

Batalla de Tchaldiran, de Xiquinho Siva, en el palacio de Isfahan.

y aterrorizar a las poblaciones civiles. Precedían al grueso del ejército, tomaban por sorpresa los puntos estratégicos y controlaban las rutas. Posteriormente, los *deli* sustituyeron a los *akincilari*; se reclutaban sobre todo en Croacia, Bosnia y Serbia. También había caballería auxiliar procedente de las provincias árabes del imperio, sobre todo entre los beduinos.

LA BATALLA DE TCHALDIRAN (1514)

En 1514 el sultán Selim II invadió Persia con un ejército de 50.000 hombres. El shah Ismail de Persia tenía un ejército basado en la caballería. Selim cruzó por sorpresa las montañas de Armenia y amenazó Tabriz, la capital persa; ambos ejércitos se desplegaron en la llanura de Tchaldiran. Selim formó una primera línea muy débil de infantería ligera y caballería irregular; en la segunda fila los arcabuceros jenízaros y los *spahis* formaban el centro, con los jinetes *timariotas* en las alas. Los flancos estaban protegidos por los carros de la impedimenta con las ruedas encadenadas. La artillería, agrupada por baterías, cubría todo el frente de la segunda línea.

El shah Ismail atacó con su caballería, buscando envolver a los turcos; rompió la primera línea, pero se estrelló ante la segunda, cuando los arcabuceros de los jenízaros derribaron a los jinetes persas y la artillería abrió grandes brechas en sus columnas. Ismail cayó herido de un arcabuzazo y los *spahis* turcos contraatacaron y destrozaron a los persas. Después de esta derrota Tabriz cayó en manos de los turcos sin resistirse.

LAS GRANDES CONQUISTAS DEL IMPERIO TURCO EN EUROPA Y EL MEDITERRÁNEO

La toma de Belgrado (1521). Al principio, el reino de Hungría mantuvo sus fronteras con los turcos, pero tras la muerte del rey Matías, el reino sin sucesor cayó en crisis. Entonces Solimán avanzó hacia Belgrado, la sitió y la bombardeó con su artillería. Con una guarnición de apenas 700 hombres y sin recibir ayuda de Hungría, Belgrado cayó en agosto de 1521.

La conquista de la isla de Rodas (1522). Aunque tenía abierto el camino a Hungría y Austria, Solimán se dirigió a la isla de Rodas. En el verano de 1522, aprovechando la flota que había heredado de su padre, dirigió personalmente unos 400 barcos y 100.000 hombres desde Asia Menor a la isla. Tras un sitio de cinco meses, Rodas capituló y Solimán permitió a los Caballeros Hospitalarios de San Juan (o Caballeros de Rodas) que partiesen. Entonces Carlos V les regaló la isla de Malta, desde donde siguieron luchando contra los turcos.

Conquista de Hungría, batalla de Mohács (1526). Después de esto, Solimán reanudó su campaña en los Balcanes y el 29 de agosto de 1526 se enfrentó a Luis II de Hungría (1516-26) en Mohács. Solimán llevaba 100.000 hombres y 300 cañones; Luis II disponía de 15.000 jinetes acorazados y 10.000 peones. La caballería del ala derecha húngara sorprendió a la vanguardia turca y la desbandó, pero se enfrentó a un cuerpo de 4.000 jenízaros, que la detuvieron a arcabuzazos y dieron tiempo a la llegada del grueso del ejército turco. El ala izquierda turca detuvo la carga de la caballería húngara de su flanco y, aunque la infantería magiar luchó con valor hasta el fin, el ejército húngaro fue derrotado y aniquilado y el rey Luis II pereció. Entonces se inició una lucha por el poder. Algunos nobles querían que Fernando I de Habsburgo (1503-1564), gobernador de la vecina Austria y emparentado con Luis II, fuera el rey de Hungría, según los acuerdos previos. Pero otros nobles preferían al conde Juan Szapolyai (coronado como Juan I de Hungría) que contó con el apoyo de Solimán, pero no fue reconocido por los cristianos. Hungría se dividió en 1541: Solimán se quedó con la mayor parte de Hungría (la gran llanura húngara) y nombró a los Szapolyai reyes de Transilvania, como estado vasallo de su imperio. Fernando I se quedó con la Hungría Real, que incluía la actual Eslovaquia, Croacia occidental y otros territorios, fijando temporalmente la frontera entre los Habsburgo y los otomanos.

LAS DUDAS DE SELIM II

Cuando Selim II dudaba si atacar a Persia en 1514, hubo temores y reticencias entre los miembros de su consejo. Pero un viejo jenízaro se arrojó a sus pies y le dijo: «Señor, ¿por qué dudar? Quiera Dios que tu destino sea feliz y tu sable tajante. Los jenízaros te seguirán adonde vayas y no se detendrán más que donde tú te detengas». Poco después, el ejército se cansó de perseguir a un enemigo que huía ante ellos siguiendo la táctica de la tierra quemada. Los jenízaros clavaron en tierra sus mosquetes y colgaron de ellos sus zapatos, reclamando la suspensión de la campaña y el regreso a Estambul. Pero Selim no se amilanó. Montó a caballo, arengó a los amotinados, dio libertad a los débiles para regresar y dijo que solo quería que le siguieran los valientes: «Si no venís conmigo, iré yo solo». Todo el ejército le aclamó y nadie se quedó atrás.

Representación de la batalla de Mohács *en un mural del Museo Militar Askeri, Estambul, Turquía.*

Retrato de Alfonso de Ávalos, marqués del Vasto, con armadura y paje, *de Tiziano. 1533. Óleo sobre lienzo, 110 x 80 cm. Museo J. Paul Getty, California, EE. UU.*

da María de Hungría. En ambos casos las fuerzas turcas sufrieron el mal tiempo y unas líneas de suministros muy largas y débiles.

LAS MARINAS Y LA PÓLVORA

Durante los siglos XV y XVI las marinas de las principales naciones europeas abandonaron la navegación costera y de cabotaje para ir a buscar nuevas rutas oceánicas. La fe y la curiosidad les impulsaban, pero el mayor estímulo para la mejora de las marinas durante este periodo del Renacimiento fue un afán de aventura mezclado con un deseo de enriquecimiento. De los grandes y rápidos avances en la tecnología, hay que destacar tres: la mejora en el diseño y construcción de los cascos de los buques, su arboladura y su velamen; la mejora en las técnicas de la navegación; y la mejora que aportó a la marina el perfeccionamiento de la

Primeros sitios de Viena (1529 y 1532). En 1529 Solimán marchó una vez más por el valle del Danubio con 100.000 hombres, conquistó y saqueó Buda en el otoño siguiente y sitió Viena, defendida por el archiduque Fernando, hermano de Carlos V. Fue el apogeo de la expansión occidental del Imperio otomano. Con una guarnición de 20.000 hombres, reforzada por tropas desde Italia, los Habsburgo le infligieron su primera derrota. Solimán trató de conquistar Viena por segunda vez en 1532 con 120.000 soldados, pero fue derrotado antes de alcanzar la ciudad por los refuerzos que envió Carlos desde Italia mandados por el marqués del Vasto y las tropas enviadas por la reina viu-

artillería. De este modo, un marino podía saber dónde estaba, aunque llevara días sin ver la costa; resistía mejor las tormentas y podía avanzar contra el viento; pero, sobre todo, podía hacer sentir su poder en la costa a una distancia a la cual los arcos de los indígenas no podían ni soñar en llegar. La herramienta clave para estos viajes, descubrimientos y conquistas fue el barco de vela con aparejo cruzado, armado con cañones y tripulado por marinos con experiencia y conocimientos de navegación. Los barcos que existían anteriormente no podían rivalizar con esta combinación de potencia destructiva y movilidad, que además estaba dirigida por grandes navegantes.

Tapiz gótico (siglo XV) que representa una colorista escena naval con tripulación armada a bordo en segundo plano. En primer plano, cornetas e incluso presencia real femenina.

LOS PORTUGUESES, MAESTROS DE LA NAVEGACIÓN

Los primeros en navegar por mares desconocidos y descubrir nuevas tierras fueron los marinos portugueses gracias a las enseñanzas de la Escuela de Navegación de Sagres. Los nuevos instrumentos para medir las alturas del sol y las estrellas, a fin de conocer la latitud con más exactitud, les permitieron navegar en alta mar y llegar a su destino sin necesidad de costear. Después se estableció otra escuela de navegación en Sevilla (en el Palacio de San Telmo). El problema era medir la longitud con suficiente precisión, lo que no se conseguiría en siglos. Las cartas de navegación eran muy imperfectas y cada nación guardaba las suyas, donde figuraban los últimos descubrimientos, sin compartirlas con las demás.

Dada la poca velocidad de los barcos de la época, el conocimiento de los vientos dominantes y las

LA ESCUELA DE NAVEGACIÓN DE SAGRES

Portugal había quedado encerrado, cara al Atlántico, por la expansión del Reino de Castilla y León. Pero, por la audacia y fortuna de sus empresas navales, alcanzó el más alto grado de poderío y riqueza a finales del siglo XV y durante el XVI. Una gran parte de su increíble expansión marítima se debió a la Escuela de Navegación de Sagres, creada por el infante Don Enrique el Navegante. Fue un espíritu serio, científico y sagaz, que comunicó su entusiasmo a los navegantes portugueses, que aprendieron navegación de alta mar, cartografía y construcción naval, siendo la nación más adelantada de su tiempo en estos campos. Empleaban el astrolabio y el sextante, inventaron la *ballestilla* y crearon tablas de inclinación del sol. En la imagen, *ilustración de Willem Blaeu del manual de navegación «La luz de la navegación» (1608)*.

LAS MARINAS DE GUERRA INTEGRAN LA ARTILLERÍA EN SUS ARMAS EMBARCADAS

A finales del siglo XV los portugueses empleaban las carabelas para navegar hacia la India. Eran buques con cascos cada vez menos rechonchos y más afinados; llevaban tres palos y velas cuadras, cuya superficie fueron aumentando para lograr más velocidad. Pero el avance fundamental era que llevaban cañones en los castillos de proa y popa; a principios del siglo XVI estos cañones eran ya de calibre medio, como los que se usaban en tierra.

corrientes de una parte del océano era muy importante, se anotaban cuidadosamente y estos datos se iban acumulando en cuadernos. Normalmente no se conquistaban tierras, sino que se establecían factorías para el intercambio comercial; pero después de la llegada de los españoles a América, se empezó por establecerse en pequeñas islas que se podían colonizar poco a poco y se terminó conquistando imperios.

LOS HOLANDESES COMIENZAN A RIVALIZAR CON LOS PORTUGUESES EN EL LEJANO ORIENTE

Hasta la segunda mitad del siglo XVI los holandeses no navegaban fuera de sus aguas costeras, donde eran unos maestros en navegar en bajos fondos con buques de poco calado y a veces de fondo plano. Poco a poco se convirtieron en marinos oceánicos y siguieron las rutas de los españoles hacia América y de los portugueses hacia la India.

> Los holandeses formaron la Compañía de las Indias Orientales y Occidentales, y la Neerlandesa para hacerse con el comercio de especias en Europa

Luego establecieron factorías para comerciar en todos los mares. Por medio de la Compañía Holandesa de las Indias Orientales fundaron colonias en El Cabo, India e Indonesia para obtener especias que luego vendían en Europa. Por su parte, la Compañía Holandesa de las Indias Occidentales fundó Nueva Ámsterdam (actualmente Nueva York) y ocupó Paramaribo en Surinam (en la costa norte de Brasil) y varias islas del Caribe (principalmente Aruba, Curaçao y Bonaire). Finalmente arrebataron a los portugueses Ceilán e Indonesia, colocando la sede de la Compañía Neerlandesa de las Indias Orientales en Batavia (la actual Yakarta, en la isla de Java). Así lograron el monopolio de la nuez moscada y el clavo de olor durante siglos.

LA EXPANSIÓN MARÍTIMA PORTUGUESA

Poco a poco los portugueses descubrieron y exploraron la costa de África, empezando desde el estrecho de Gibraltar. El rey Juan I inició la expansión y conquistó Ceuta en 1415. Luego Tristão Vaz Teixeira y João Gonçalves Zarco redescubrieron en 1418 y 1419 las islas Madeira, ya conocidas en tiempo de los romanos. Aloisio de Cada Mosto descubrió el archipiélago de Cabo Verde; Gil Eanes dobló el cabo Bojador y exploró las costas de Mauritania; António Fernandes llegó hasta Sierra Leona; Fernando Póo exploró Guinea y conquistó la isla de su nombre; Diogo Cão pasó el cabo de Santa Catalina, exploró la cuenca del río Congo y llegó hasta Walvis Bay en Namibia; en

Vista de Nueva Ámsterdam, *de Johannes Vingboons. 1664. Memoria de los Países Bajos, Colección de mapas.*

Carracas portuguesas junto a la costa, *del círculo de artistas de Joachim Patinir. 1540. Colección privada. En el centro del cuadro se aprecia el navío Santa Catalina del Monte Sinaí, construído en 1512.*

1486 Bartolomeu Dias llegó a la bahía de Algoa y a la Cafrería, dobló el cabo de Buena Esperanza y descubrió el camino del Índico; en 1498 Vasco da Gama navegó por el Índico, exploró Mombasa y las costas de Mozambique, llegó a Calicut y Goa, y reconoció las costas del Malabar en la India, donde fue gobernador y virrey. De este modo quedaba abierta la ruta a las islas de las especias, lo cual proporcionó pingües beneficios a la Casa de Contratación de Lisboa. Finalmente Fernão Mendes Pinto llegó a las costas del Japón e inició las relaciones comerciales vendiendo armas de fuego a los japoneses. Por su parte, Pedro Álvarez Cabral navegó por el Atlántico hacia el oeste y descubrió la costa de Brasil, que luego se convirtió en otro virreinato.

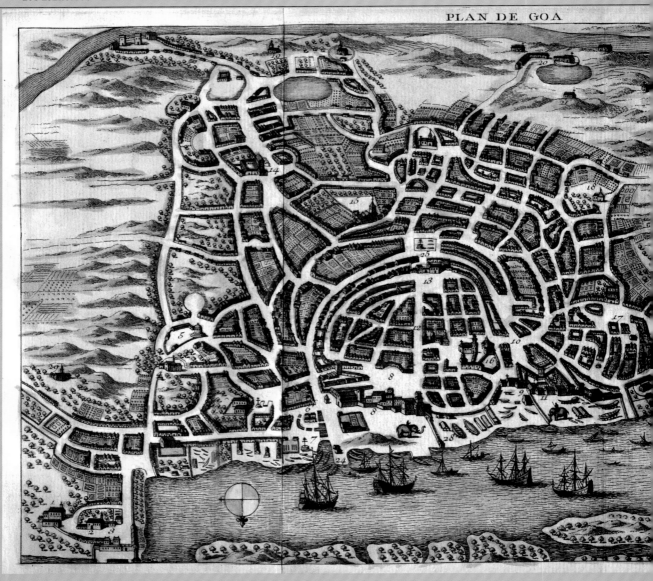

Arriba, *Mapa de Goa coloreado a mano, de Philip Baldaeus. 1672. Trata de describir con exactitud la capital administrativa del Imperio portugués en la India.*

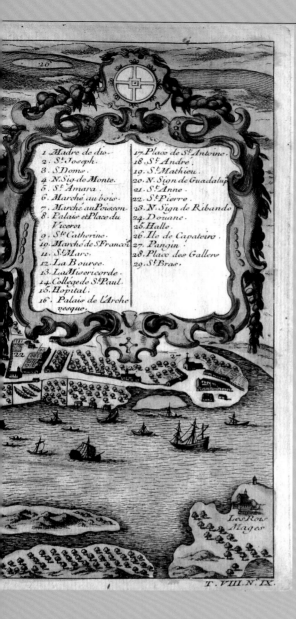

1 Madre de dio.
2 S.t Joseph.
3 S.Dom.
4 N.Sig.de Monte.
5 S.t Amara.
6 Marché au bois.
7 Marché au Poisson.
8 Palais et Place du Viceroi.
9 S.t Catherine.
10 Marché de S.Francoi.
11 S.t Marc.
12 La Bourse.
13 La Misericorde.
14 Collège de S.Paul.
15 Hopital.
16 Palais de l'Archevesque.
17 Place de S.t Antoine.
18 S.t Andre.
19 S.t Mathieu.
20 N.Sign de Guadalup.
21 S.t Anne.
22 S.t Pierre.
23 N.Sign de Ribando.
24 Douane.
25 Halle.
26 Ile de Capateiro.
27 Panjin.
28 Place des Galler.
29 S.t Bras.

T. VIII. N. IX.

Abajo, Villa de Diu, Atlas de Brauny Hogenberg.

LOS BARCOS PORTUGUESES NECESITABAN BASES EN EL OCÉANO ÍNDICO

Los barcos portugueses en el océano Índico necesitaban reabastecerse y los «factores reales» necesitaban mercaderías que canjear para comprar especias en la India Occidental. Había tres modos de conseguir estos abastecimientos y bienes. El primer procedimiento que emplearon los jefes de las flotas portuguesas fue saquear barcos o establecimientos costeros para obtener los abastecimientos necesarios. Luego empezaron a cobrar tributos a ciudades o estados costeros: dinero, comida, material para reparar los barcos y artículos con que comerciar. Finalmente la corona portuguesa y la *Casa da India* (fundada en 1503) decidieron ocupar una serie de ciudades costeras del Índico, en África Oriental o Asia para que sirvieran de bases permanentes para las flotas y como centros de comercio. Francisco de Almeida saqueó Mombasa y luego capturó Sofala y Kilwa. En 1510 Afonso de Albuquerque capturó Goa. En 1511 conquistaron Malaca, que dominaba las rutas a Indonesia y en 1513 Ormuz para controlar la entrada al golfo Pérsico. Luego conquistaron Muscat en la costa de Arabia y Colombo en Ceilán, Diu en la región de Cambay (productora de algodón) y Tenate en las Molucas. En 1513 se abandonó Kilwa por la isla de Mozambique. Los portugueses descubrieron que si se limitaban a efectuar raids y algunas operaciones anfibias de desembarco podían mantener a sus fuerzas mejor abastecidas y hacerlas más móviles que los ejércitos de sus enemigos.

EL IMPERIO PORTUGUÉS DE LA INDIA

El virreinato portugués en la India estaba constituido básicamente por muchas factorías costeras, principalmente Damão, Diu y Goa, sin llegar a penetrar en el interior. Contaba con las bases de Mombasa y Mozambique en África, Bahrein, Omán y Ormuz en Asia, varias islas como Socotra y Timor (y por un tiempo Ceilán), y la ciudad de Macao en China. La capital administrativa estuvo en Kochi (Cochin) y luego en Goa. La labor de Vasco da Gama y otros virreyes, como Almeida y Albuquerque, consolidó el dominio portugués en la India occidental. Estos contactos comerciales, cuyo monopolio absoluto lo tenía la *Casa da India*, enriquecieron enormemente a la compañía y la permitieron crear un eficiente ejército para defender sus posesiones; se basaba sobre todo en el valor y la disciplina, aunque las armas de fuego también le daban una cierta ventaja. Conquistaron Bombay (que pasó a Gran Bretaña cuando Catalina de Braganza se casó con Carlos II) y otras plazas, y se enfrentaron a otras naciones defendiendo la ruta de las especias durante más de un siglo.

LA NUEVA MARINA FRANCESA

La marina de Carlos VIII. Carlos VIII de Francia reconstituyó la flota de guerra francesa con barcos genoveses, provenzales y normandos. Creó el puerto de Tolón en 1494 para su marina de guerra del Mediterráneo y envió a Prégent de Bidoux, general de las galeras, y a Guy de Blanchefort a ayudar a los caballeros de Rodas y a los venecianos contra los turcos.

La marina de Francisco I y Enrique II. Francisco I concedió patentes de corso a numerosos armadores franceses. Así comenzaron los ataques a la flota de Indias de los corsarios franceses. Jean Fleury, uno de los corsarios

Salida desde el puerto de Lisboa hacia la India Oriental y América. Grabado del siglo XVI que recoge la importancia del dominio portugués en el mar.

franceses más famosos, fue capturado por marinos vascos y ejecutado en Toledo en 1527. En 1512 una flota inglesa y una francesa se enfrentaron en el cabo Saint Mathieu; para cubrir la retirada de la flota francesa, Hervé de Portzmoguer (Primauguet) se aferró con su buque *La Cordelière* al inglés *Regent* y ambos barcos se hundieron.

En 1513 Prégent de Bidoux se enfrentó a los ingleses cerca de Conquet y abordó a la nave del almirante inglés Edward Howard, al que echó al agua con su tripulación. Francisco I aspiraba a una alianza con Gran Bretaña y se entrevistó con Enrique VIII, pero finalmente este le declaró la guerra en 1522. En 1534 Jacques Cartier descubrió Canadá y fundó el primer establecimiento francés. En 1544 los ingleses se apoderaron de Boulogne; en revancha, el almirante francés Claude d'Annebault atacó la isla de Wight y hundió varios barcos ingleses. Enrique II de Francia quiso tener una gran marina y en 1548 poseía 48 galeras. Pero las guerras con España le arruinaron y a finales del siglo XVI solo Marsella era un puerto próspero; todos los demás estaban arruinados por la guerra con España y la guerra civil.

LA MARINA BRITÁNICA

La marina de Enrique VII. Los reyes ingleses habían tenido buques de guerra durante la Edad Media, pero cuando empezó el reinado de Enrique VII, solo poseía buques mercantes, que eran propiedad privada de algunos mercaderes y se podían armar en caso de necesidad. En 1495 Enrique VII creó el arsenal de Portsmouth, con un dique seco que fue de los primeros de Europa, y empezó un programa de construcción de buques de guerra. En 1509, la Marina Real disponía de cinco buques de guerra, dos de los cuales eran carracas de cuatro mástiles.

La marina de Enrique VIII. Enrique VIII heredó la marina de su padre y la incrementó hasta en 24 buques. En 1514 se botó el *Henry Grace a Dieu*, que era el mayor buque de guerra de su

Pintura del buque inglés *Henry Grace à Dieu*.

Batalla de la Cordelière, *de Pierre-Julien Gilbert. 1838. Óleo sobre lienzo, 123 x 76 cm. Museo de Bellas Artes de Brest, Francia.*

LOS ENFRENTAMIENTOS ENTRE ENRIQUE VIII Y FRANCISCO I DE FRANCIA

En 1512 la flota inglesa, mandada por sir Edward Howard, atacó a la francesa; el buque almirante inglés *Regent* y el francés *Cordelière* se enfrentaron y ambos se hundieron. Sir Edward murió en 1513 y su hermano Thomas Howard ocupó su puesto. Al acabar esta guerra se decidió mantener un mínimo de 30 buques en activo en tiempo de paz. Enrique VIII invadió Francia aliado con el emperador Maximiliano I y derrotó a Francisco I en la Batalla de las Espuelas, en Guinegate, cerca de Tournay. Para ocupar a Enrique, Francisco I se alió con los escoceses que invadieron el norte de Inglaterra con 30.000 hombres; pero Catalina de Aragón, esposa de Enrique VIII, derrotó a los escoceses en Flodden, batalla en la que murió el rey Jacobo IV de Escocia.

tiempo; desplazaba 1.500 toneladas y tenía dos cubiertas. Era el primer barco armado con cañones de bronce de grueso calibre, que disparaban a través de portas. Como Portsmouth era insuficiente, creó los arsenales de Deptford y Woolwich, en el Támesis. Cuando falleció en 1547, su marina ya contaba con 40 buques, todos armados con cañones.

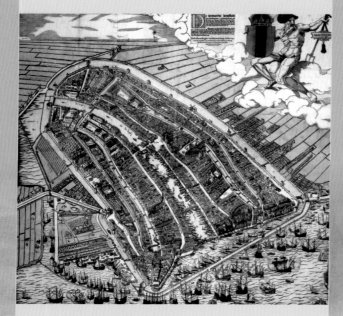

La marina de Holanda y el puerto de Ámsterdam. Los holandeses lograron desarrollar rápidamente la navegación y el transporte navales. La flota holandesa derrotó a la Liga de la Hansa en varias ocasiones y Ámsterdam se convirtió en el principal puerto para la importación del trigo de los países bálticos; a finales del siglo xv era la gran rival de Amberes. Los ricos mercaderes y las autoridades locales de algunos puertos empezaron a armar sus barcos desde el siglo xv, y atacaban a los piratas o a los competidores extranjeros. A veces organizaban sus barcos mercantes en convoyes, protegidos por los buques armados; otras veces las autoridades proporcionaban patentes de corso que autorizaban a los capitanes holandeses a atacar y capturar barcos enemigos y su carga. En la imagen, *Vista de pájaro de Ámsterdam,* de Cornelis Anthonisz. c 1557. Xilografía en color, 107 x 109 cm. Rijksmuseum, Ámsterdam, Países Bajos.

El gran avance fue la cantidad de cañones que llevaban los buques de guerra de Enrique VIII: unos 20 cañones de grueso calibre y 20 cañones ligeros. Los cañones más pesados se empezaron a instalar por debajo de la cubierta principal, a imitación de los buques portugueses y españoles, para ganar estabilidad. Se empezó a adiestrar a los artilleros para disparar al mismo tiempo todos los cañones de grueso calibre de un costado del buque (una andanada). También se inventaron portas que cerrasen herméticamente para impedir la entrada del agua. El primer barco construido así fue el *Mary Rose.* Estos barcos llevaban una tripulación de unos 200 marineros, 185 soldados y 30 artilleros. Su paga era mínima, pero si capturaban un barco, tenían una parte del valor de la presa.

Las marinas de Eduardo VI, María I e Isabel I. Eduardo VI y María I no cambiaron la marina heredada de su padre. María mantuvo el programa de construcciones navales, aunque perdió Calais, ocupada por Enrique II de Francia. Por su matrimonio con Felipe II tuvo acceso a los secretos técnicos de la flota española, lo cual ayudó a crear los galeones británicos del reinado de Isabel I que eran una marina oceánica y no de defensa de costas.

Cuando subió al trono en 1559 disponía de 39 buques, con planes para construir otros 30, que

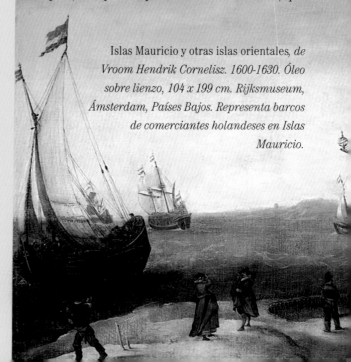

Islas Mauricio y otras islas orientales, de Vroom Hendrik Cornelisz. 1600-1630. Óleo sobre lienzo, 104 x 199 cm. Rijksmuseum, Ámsterdam, Países Bajos. Representa barcos de comerciantes holandeses en Islas Mauricio.

se clasificarían en cinco categorías. Isabel mantuvo un presupuesto de marina fijo durante 20 años y continuó construyendo buques a un ritmo regular. Favoreció a los corsarios, como John Hawkins y Francis Drake, y autorizó el ataque de Drake a Cádiz en 1587. Cuando Felipe II decidió enviar la Armada Invencible contra Gran Bretaña, Isabel tuvo que recurrir a armar buques mercantes para completar su escuadra.

LA MARINA DE LOS PAÍSES BAJOS

Al principio, la marina de los Países Bajos era de cabotaje y de pesca, pero el comercio la convirtió en una marina de alta mar. Algunos de sus mejores puertos no eran de costa, sino fluviales, como Amberes (en Flandes), en la orilla derecha del Escalda y a 88 km del mar. Pero Amberes era un puerto y un mercado de importancia continental, ya que casi todos los intercambios comerciales entre Alemania y Gran Bretaña se efectuaban vía Amberes.

Cuando Castilla se convirtió en la gran exportadora continental de trigo, vino y lana (y luego tejidos), el gran consulado del mar estuvo en Amberes. Aunque en los siglos XIV y XV decayó su importancia, en el siglo XVI conoció una prosperidad extraordinaria. Más adelante, las vicisitudes de la guerra en los Países Bajos hicieron que esta primacía pasase a Ámsterdam.

EMPIEZAN A NAVEGAR POR EL OCÉANO ATLÁNTICO

La pesca y el comercio crearon capitales que se invirtieron en crear una marina oceánica, que luego disputó a los portugueses la ruta de las especias que venían de las Indias orientales. Después los holandeses conquistaron algunas colonias y factorías portuguesas, en el nordeste del Brasil, Angola, Indonesia y Ceilán. Los barcos holandeses empezaron a comerciar con especias de la India e Indonesia, a título particular; no era una marina nacional, sino de flotas de armadores privados. Las autoridades borgoñonas trataron de controlar estas navieras. Maximiliano de Habsburgo creó un inicio de marina oficial en 1488. Desde entonces la marina de guerra tuvo una base legal y la misión de defender los Países Bajos en la mar era responsabilidad de un almirante nombrado por el rey. Sin embargo, algunas provincias crearon subrepticiamente sus propias marinas, sin informar al almirantazgo.

Los **Reyes Católicos** y el Descubrimiento

El reinado de Fernando II de Aragón e Isabel I de Castilla es un buen ejemplo del tránsito de la Edad Media a la Edad Moderna. Herederos de la corona de Aragón y de Castilla, al conquistar el reino de Granada y el de Navarra, las islas Canarias y Melilla, consiguieron una poderosa unión territorial que aún amplió más sus fronteras y riquezas tras el Descubrimiento de América, un acontecimiento ocurrido bajo el auspicio de su corona que cambiaría el curso de la Historia.

LOS EJÉRCITOS Y LAS CAMPAÑAS DE LOS REYES CATÓLICOS
LA BATALLA DE TORO (1476)

A la muerte de Enrique IV de Castilla se inició la llamada Guerra de Sucesión Castellana, entre los partidarios de doña Juana de Trastámara, hija de Enrique IV, y los de su tía doña Isabel. La guerra duró de 1475 a 1479. Juana se había casado con Alfonso V de Portugal e Isabel con Fernando, heredero de la corona de Aragón. Los partidarios de Juana, apoyados por tropas portuguesas, se dirigían a Burgos para unirse a fuerzas francesas, pero Fernando el Católico las interceptó en Toro. La derecha castellana se abalanzó sobre la izquierda portuguesa, que la rechazó con el fuego de los arcabuces; la caballería del príncipe don Juan de Portugal la atacó entonces para desbaratarla, pero el duque de Alba la reforzó en el momento justo. Los dos cuerpos centrales mandados por ambos reyes chocaron y, después de seis horas de combate, los castellanos derrotaron a los portugueses y el ejército de Alfonso volvió a Portugal. Tras la retirada del ejército, la fortaleza de Toro tuvo que capitular y se terminó la guerra.

Isabel I Castilla, de un artista anónimo. 1490. Óleo sobre tabla, 21 x 13,3 cm. Colección Bromley-Davenport, (con fondos del legado Villaescusa). Museo del Prado, Madrid España.

PAZ DE ALCAÇOBAS (1479)

La guerra concluyó en 1479 con la firma del Tratado de Alcaçobas, que reconocía a Isabel y Fernando como reyes de Castilla y otorgaba a Portugal la hegemonía en el Atlántico, con la excepción de las islas Canarias. Juana perdía sus derechos al trono de Castilla. También se acordaba la boda de la infanta Isabel, hija de los Reyes Católicos, con el hijo del rey portugués llamado don Alfonso. La enorme dote pagada por los padres de la novia representaba la indemnización de guerra obtenida por Portugal.

> La batalla de Toro y la posterior Paz de Alcaçobas terminó con las aspiraciones de Juana de Trastámara al trono de Castilla a favor de Isabel I

LAS PRIMERAS CAMPAÑAS PARA LA CONQUISTA DE GRANADA: ALHAMA Y LOJA

En 1482, los Reyes Católicos autorizaron a Rodrigo Ponce de León, marqués de Cádiz, para tomar la población fortificada de Alhama. Cuando se acababa de tomar la ciudad, llegó el rey de Granada, Muley Hassan, con 3.000 jinetes y 30.000 infantes y sitió a su vez a los cristianos. El rey Fernando acudió desde Sevilla en socorro de los sitiados con los señores y las tropas que pudo reunir apresuradamente. Muley Hassan alzó el campo, pero declaró la guerra santa. Fernando el Católico continuó las operaciones sitiando Loja. Los Reyes Católicos hubieron de pedir ayuda a los grandes señores y a las órdenes militares para que acudieran con sus huestes al sitio de Loja. Era un ejército formado por piqueros, arqueros y ballesteros, con algunos caballeros desorganizados que combatían con lanza y espada, con valor pero sin orden ni disciplina ni táctica formal. El ejército reunido bajo el mando del marqués de Cádiz no fue suficiente y los caudillos granadinos Alí Atar y Abú Abdala (hermano pequeño del rey, apodado «el Zagal») llegaron con 700 jinetes y 9.000 infantes y derrotaron al ejército cristiano, del que se salvó menos de la mitad.

El Tratado de Tordesillas (1494) posterior al primer viaje de Colón, se firmó en Tordesillas el 7 de junio de 1494 entre los Reyes Católicos y Juan II de Portugal. Establecía el reparto de las zonas de conquista del Nuevo Mundo mediante una línea divisora del océano Atlántico y de los territorios adyacentes. El meridiano divisorio de las zonas de influencia se fijó a 100 leguas al oeste de las Azores y Cabo Verde, siendo la zona occidental la correspondiente a Castilla y Aragón y la oriental a Portugal. En la imagen, Tratado de Tordesillas: Mapa de Luís Teixeira (c 1574) con la división del Brasil en capitanías hereditarias. La línea de Tordesillas está desplazada diez grados más al oeste. Biblioteca da Ajuda, Lisboa, Portugal.

ESCARAMUZAS, SITIOS Y BATALLAS POSTERIORES (1485 A 1489)

En 1485 los Reyes Católicos reunieron unos 8.000 jinetes y 20.000 peones. Este ejército conquistó la plaza de Ronda, después de bombardearla con proyectiles incendiarios, hechos de pez, aceite y pólvora. En 1486 se concentró un ejército cristiano de 52.000 hombres, capitaneado por el propio rey Fernando, con tropas reales y de los grandes señores. Tras una sangrienta batalla y un breve sitio, tomaron Loja, que defendían el Zagal y su sobrino Boabdil (hijo de Muley Hassan, ya fallecido). En la campaña de 1487, el ejército cristiano, con 3.000 zapadores y 70.000 soldados, sitió Baza sin éxito; pero luego rechazó a un ejército moro de 30.000 hombres y tomó Vélez-Málaga. En 1489 los Reyes Católicos empeñaron su vajilla de oro y plata, y la corona de San Fernando; con este dinero se compraron cañones en Venecia, se abrió una ruta hacia Baza a través de la sierra y se compraron 14.000 acémilas para abastecimientos y transportes.

Cuando 50.000 soldados cristianos pusieron sitio a Baza y la bombardearon, la plaza cayó el 4 de diciembre, día de Santa Bárbara. Desde Baza el ejército cruzó Sierra Nevada y llegó a Almería, que se rindió el 7 de diciembre.

EL EJÉRCITO DEL REINO DE GRANADA:
CABALLERÍA REGULAR Y MILICIAS DE INFANTERÍA

El ejército del Reino de Granada estaba compuesto por una fuerza permanente de caballería, con escudos en forma de riñón, acantonada por todo el reino, cuyo núcleo principal guarnecía la ciudad de Granada. Esta caballería estaba preparada para combatir como caballería ligera (a la jineta), en caballos de pequeña alzada con sillas bajas y estribos cortos, llevando adargas (pequeños escudos de cuero con forma de riñón), espadas ligeras y lanzas ligeras o jabalinas; cada escuadrón de caballería tenía su propio estandarte. También había una guardia de corps, formada en gran parte con niños cristianos educados como musulmanes en el palacio, que estaba instruida para combatir como caballería ligera. Además la mayoría de la población masculina estaba obligada a servir en el ejército en caso de necesidad. Estas milicias temporales estaban básicamente compuestas de unidades de infantería con arcos, algunos arcabuces y, sobre todo, ballestas; algunas llevaban grandes escudos rectangulares. Los arqueros llevaban turbantes o gorros de piel, mientras que los ballesteros portaban cascos metálicos y cotas de malla cortas. Las milicias de caballería sabían disparar las ballestas a caballo, para hostigar al enemigo. Las milicias fronterizas se denominaban *thagri* y eran tropas de élite bien mandadas, con estricta disciplina y que se revistaban frecuentemente.

> El nuevo ejército de Isabel y Fernando, mucho más profesionalizado, fue abriéndose paso hasta Granada, que cayó en enero de 1492

SITIO Y TOMA DE GRANADA (1491-1492)

En 1491 otro nuevo ejército de 50.000 hombres salió de Córdoba y acampó a 4 leguas de Granada. Un día una vela prendió fuego a una tienda y todo el campamento ardió. Entonces los 80.000 soldados cristianos edificaron una ciudad (Santa Fe) donde estaba su campamento, aunque tuvieron que traer la piedra de los montes. Granada ya no pudo resistir más. En noviembre comenzaron las conversaciones para la rendición, que tuvo lugar el 2 de enero de 1492. Durante estos diez años, el ejército de Castilla había pasado de ser un ejército de mesnadas feudales a ser un ejército real, pagado con esfuerzo a costa de mil sacrificios. Unos elementos fundamentales en aquel cambio fueron la artillería y los zapadores, que marcaron la diferencia entre los antiguos ejércitos de Castilla y Aragón y el nuevo ejército castellano-aragonés.

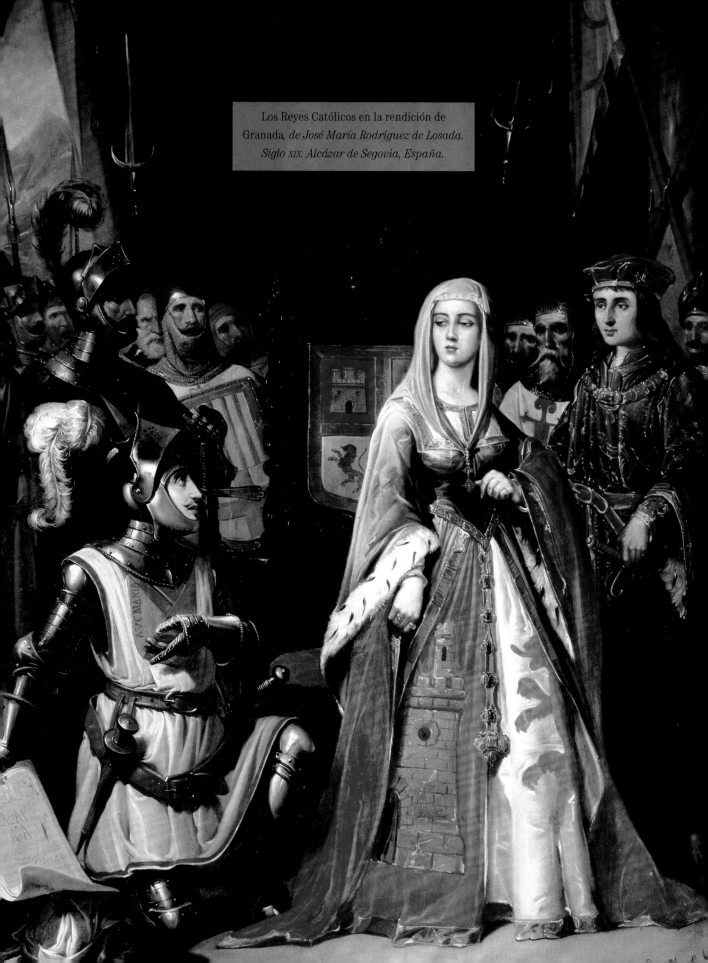

Los Reyes Católicos en la rendición de Granada, *de José María Rodríguez de Losada. Siglo XIX. Alcázar de Segovia, España.*

UN EJÉRCITO ESTABLE, ORGANIZADO Y DISCIPLINADO

El ejército español fue uno de los primeros de Europa organizado por el estado, aunque nunca fue un ejército completamente nacional porque la dificultad de enviar a tiempo tropas españolas a los frentes de batalla a veces obligó a los generales españoles a emplear fuertes contingentes de tropas extranjeras: lansquenetes, valones, etc.

Una razón que ayudó al carácter organizado del ejército permanente de los Reyes Católicos fue que parte de las tropas eran de recluta forzosa. La Ordenanza de Valladolid de 1494 decretó que uno de cada 12 hombres entre 20 y 45 años tenía que prestar servicio en la Península o en el exterior (Italia, África, Flandes o Alemania).

> Los ejércitos españoles se formaron en compañías; luego en colunelas; más tarde en coronelías; y, por último, en Tercios

Los franceses también intentaron establecer este sistema, pero fueron los españoles los que lo implantaron con éxito, creando un sólido núcleo de soldados profesionales. La columna vertebral del ejército español era la infantería. Eran fuerzas duras y disciplinadas, pero suficientemente flexibles como para aprovechar las ventajas de las armas de fuego y la artillería. Y, al contrario que en otros ejércitos, la infantería atraía a los miembros de la nobleza.

LAS UNIDADES DE LA INFANTERÍA ESPAÑOLA

La compañía de unos 200 soldados, reclutada y mandada por un capitán, era la unidad básica del ejército. Poco más tarde se constituyeron de forma permanente primero colunelas, cuyos jefes tenían la denominación de cabo de colunela. Cinco compañías formaban una colunela, que combinaba piqueros, alabarderos, ballesteros, arcabuceros y soldados de infantería ligera armados con una espada y un pequeño escudo redondo. El sistema militar español fue codificado por Fernando el Católico en 1505 y representaba el primer intento, desde la época del Imperio romano, de desarrollar una organización militar regularizada, con todas las armas de la infantería. Luego las colunelas se transformaron en coronelías, mandadas por coroneles, que llegaron a tener 20 compañías. Hacia 1530, las coronelías se convirtieron en Tercios mandados por un maestre de campo.

LA ARTILLERÍA Y LOS ZAPADORES DE LOS REYES CATÓLICOS

Un aspecto importante del ejército de los Reyes Católicos fue la mejora de su artillería, debido en gran parte a Francisco Ramírez de Madrid «el Artillero», secretario de Fernando el Católico, que le nombró capitán general de artillería para la campaña de Toro. Posteriormente, participó decisivamente en la conquista de Málaga; primero organizó el reclutamiento y transporte de los peones, las bestias de tiro, los carros y los fardos de la artillería, junto con los auxiliares encargados de mejorar los caminos para que pudieran pasar las piezas; luego asentando y disparando las piezas para las tomas de Cambil, Málaga y Gibralfaro; también en la defensa de Salobreña, sitiada por Boabdil. Además, preparó minas para tomar puentes y torres en Málaga.

LAS CAMPAÑAS DE ITALIA

Carlos VIII de Francia decidió ejercer sus derechos al trono de Nápoles invadiendo Italia con el pretexto de reconquistar los Santos Lugares (su objetivo oficial). Para cubrirse las espaldas, firmó con Fernando el Católico un tratado, que oficialmente era una alianza contra los turcos. España no se interpondría a Francia en sus guerras salvo contra el Papa, lo mismo que haría Francia. Cuando Carlos VIII de Francia inició su invasión de Italia en 1494, llevaba un ejército de muy selecta caballería, 9.000 piqueros bien instruidos y,

EL GRAN CAPITÁN Y EL EJÉRCITO DE ITALIA

Los Reyes Católicos enviaron a Italia un ejército bajo el mando de Gonzalo Fernández de Córdoba, el Gran Capitán, transportado en una flota mandada por Galcerán de Requesens, conde de Trivento y general de las galeras de Sicilia. El ejército desembarcó en Calabria para ayudar al rey Ferrante II de Nápoles, que había sido derrotado en Seminara y resistía en Tarento. Los franceses habían subestimado a los españoles, esa «soldadesca desharrapada y barbuda». Fernández de Córdoba logró llegar a combatir en Atella, mientras que Requeséns con sus galeras se presentó ante Nápoles, de donde se retiró el duque de Montpensier hacia Salerno y Gaeta. Nápoles quedó en poder de los españoles y de Ferrante II. El duque de Montpensier, encerrado en Gaeta, murió de peste y los últimos franceses embarcaron hacia Marsella. Tras batirse con la infantería española, los soldados supervivientes aseguraron no haber peleado «contra hombres, sino contra diablos...».

Como anécdota, puede contarse que ya en estos primeros combates los soldados españoles tuvieron que combatir sin recibir sus pagas a tiempo. Frente a Tarento, Gonzalo de Córdoba, que no podía pagar a sus soldados, reducidos a la miseria, se vio amenazado por ellos; un soldado apoyó su pica contra el pecho del general que, sin inmutarse, la separó con la mano diciendo: «Eh, tú, chico, levanta un poco más tu pica, no vayas a herirme por descuido». El Gran Capitán nunca perdía la calma, ni ante un motín.

Los dos caudillos, *de José Casado del Alisal. 1866. Óleo sobre lienzo, 256 x 382 cm. Museo del Prado, Madrid, España.*

sobre todo, un potente tren de sitio y de campaña. Algunos autores hablan hasta de 140 cañones de bronce; eran muy modernos para su época, con el carruaje-pieza y un sistema especial de puntería. Disparaban balas de hierro y los artilleros se habían instruido en centros especialmente organizados. Estas piezas de campaña batieron fácilmente los castillos italianos. Llegó hasta las puertas del Reino de Nápoles sin dificultades. Solo le hizo retroceder la amenaza a su larga línea de comunicaciones.

Cuando Fernando el Católico descubrió las intenciones de Carlos VIII, actuó hábilmente, considerando a Nápoles un territorio infeudado al Papa y, por lo tanto, de su incumbencia; inició una ofensiva diplomática para ayudar a su pariente, Ferrante II de Nápoles, consiguiendo el apoyo del Papa y de Florencia, y la neutralidad de Venecia. Carlos VIII volvió hacia Francia con parte de sus tropas.

BATALLA DE CERIÑOLA (1503)

El rey Ferrante II falleció y le sucedió su tío Fadrique. En 1503 Luis XII de Francia envió un ejército mandado por el duque de Nemours, que conquistó el ducado de Milán en el norte y luego se dirigió a atacar de nuevo Nápoles. Nemours, que contaba con la ayuda veneciana, mandó sitiar la ciudad de Barletta, esperando que Gonzalo Fernández de Córdoba acudiera en su auxilio, y entonces él le atacaría cogiendo por la espalda al español. Este acudió en auxilio de Barletta, pero previniendo la llegada de Nemours, levantó el sitio y se dirigió hacia el norte en Ceriñola, donde mandó cavar unos fosos para detener la caballería francesa. Los fosos consiguieron su objetivo y antes de que la caballería pudiera reaccionar, esta y los lanceros suizos recibie-

ron las andanadas de pólvora española. La carga de la infantería y la caballería española lograron la victoria del Gran Capitán. Tras la ba-

talla se contaron 300 bajas por parte española
y más de 3.000 por parte francesa, entre ellas
el propio duque de Nemours.

El Gran Capitán, recorriendo el campo de la batalla de
Ceriñola, *de Federico de Madrazo. 1835. Óleo sobre
lienzo, 187 x 134 cm. Museo del Prado. Madrid, España.*

Batalla del Garellano (1504)

Tras la victoria de Ceriñola, el reino de Nápoles quedó en poder de España. Viendo que algunos soldados estaban descontentos por lo poco que les había tocado, el Gran Capitán les dijo: «Id y cargad con cuanto a mí me cupo». Los españoles tomaron la ciudad de Nápoles, mientras el Gran Capitán se dirigía a Gaeta al saber que un nuevo ejército francés iba hacia esta localidad para reforzarla. Una vez ante los franceses, Gonzalo se retiró detrás del río Garellano para atraer y dispersar al enemigo y destruyó el puente. Al notar algún desánimo en sus fuerzas, muy inferiores en número, se atrincheró con ellas, diciendo a los oficiales: «Más quiero hallar mi sepultura ganando un palmo de tierra que prolongar mi vida retirándome», unas palabras que le retratan como militar.

El marqués de Mantua, al mando de los franceses, diseminó su artillería entre barrizales a lo largo del río, donde fue presa de la infantería del Gran Capitán, que el 1 de enero de 1504 cruzó por un puente de barcas 15 km río arriba, les atacó por el flanco y les derrotó, tomando su artillería y sus banderas. Y destacó a parte de su ejército por el flanco, para atacar de nuevo por la retaguardia a los franceses en el cruce del puente de la Mola. Gaeta, defendida por el marqués de Saluzzo, cayó seguidamente. El reino de Nápoles quedó en poder de los españoles y por el Tratado de Lyon (1504) Francia lo reconoció.

Una anécdota es que en la batalla del Garellano, durante el ataque a la artillería francesa, el alférez Hernando de Illescas perdió los dos brazos y siguió adelante sujetando la bandera con los dos muñones como pudo.

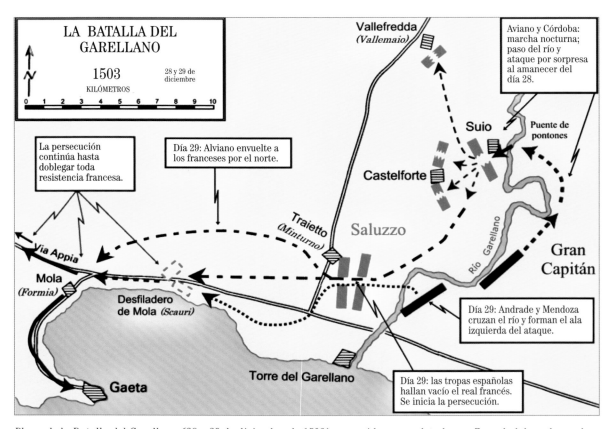

Plano de la Batalla del Garellano (28 y 29 de diciembre de 1503), corregido y completado por Zaqarbal, basado en el realizado por el Departamento de Historia de la Academia Militar de los Estados Unidos.

El marqués de Mantua comentó las siguientes palabras: «Yo pensaba que los españoles eran como las otras gentes; pero son distintos, pues ni sienten necesidades, ni hambre, ni frío, ni temen a la muerte. Al contrario, cuanto más necesitados están, más se les dobla el ánimo… Y sobre todo, tienen un capitán tan venturoso que si no fuera español, yo creería que era Dios quien hacía sus cosas».

A la izquierda, detalle de Francisco II Gonzaga, marqués de Mantua en Virgen de la Victoria, *de Andrea Mantegna. 1495. Óleo sobre lienzo, 285 x 168 cm. Museo del Louvre, París, Francia.*

Conquista de Orán, *de Juan de Borgoña. 1514. Capilla mozárabe de la catedral de Toledo, España.*

83

LA REFORMA MILITAR Y EL EJÉRCITO DEL GRAN CAPITÁN

Cuando el Gran Capitán se hizo cargo del mando en Italia, llevaba un ejército de piqueros y ballesteros, pero él incorporó rápidamente a los arcabuceros y la artillería. Los arcabuces empezaron siendo un complemento de la artillería, pero pronto empezaron a sustituir a las ballestas. Gonzalo de Córdoba dio el predominio a la infantería porque es capaz de maniobrar en cualquier terreno. La reorganizó en coronelías (embrión de los futuros Tercios). La primera reorganización fue en 1503. Creó la división con dos coronelías de 6.000 infantes cada una, 800 hombres de armas, 800 caballos ligeros y 22 cañones. Dobló la proporción de arcabuceros, uno por cada cinco infantes, y armó con espadas cortas y lanzas arrojadizas a dos infantes de cada cinco, encargados de deslizarse entre las largas picas de los batallones de esguízaros suizos y lansquenetes y herir al adversario en el vientre. Puso en práctica un escalonamiento en profundidad, en tres líneas sucesivas, para tener una reserva y una posibilidad suplementaria de maniobra. Facilitó el paso de la columna de viaje al orden de combate fraccionando los batallones en compañías, cada una de las cuales se colocaba a la altura y a la derecha de la que le precedía para lograr fácilmente la formación de combate. Adiestró a sus hombres mediante una disciplina rigurosa y formó su moral despertando en ellos el orgullo de cuerpo, la dignidad personal, el sentido del honor nacional y el interés religioso. Idolatrado por sus soldados y admirado por todos, tuvo en su popularidad su mayor enemigo. En la imagen inferior, (referencia a los datos apuntados en la hoja grapada de la procedencia de la ilustración) arcabuceros o escopeteros. De los 10 arcabuceros, solo dos, situados en los extremos de la primera hilera, portan armas de hierro, el resto de metal. Podemos ver que seis de ellos llevan el escopin o mecha enrollada en un palito para aplicar al fogón. No disponían de llave de mecha todavía.

Triunfo del emperador Maximiliano I, rey de Hungría, Dalmacia, y Croacia y Archiduque de Austria. Copias de los dibujos del cortejo triunfal de Maximiliano, de Albrecht Altdorfar y su círculo (1513-1515).

EL GRAN CAPITÁN, EL PAPA Y LA ROSA DE ORO

Menaldo Guerri, corsario bajo bandera francesa, se instaló en el puerto de Ostia, incomunicó a Roma por mar y exigió contribuciones al Papa. Fernando el Católico envió al Gran Capitán, que puso en fuga al pirata y devolvió al Papa el uso del puerto con todos los abastecimientos que había en él. El Papa le premió con la Rosa de Oro, máxima distinción del papado, y con el Ducado de Santángelo. Algunos aconsejaron al Gran Capitán que renunciara a la Rosa y al título por motivos políticos, pero él les dijo: «Que no piensen los franceses que, si somos mejores soldados que ellos, somos por eso menos gentileshombres».

ÚLTIMAS CAMPAÑAS DE FERNANDO EL CATÓLICO CONTRA LOS BERBERISCOS Y EN ITALIA

En 1508, Fernando el Católico y el cardenal Cisneros emprendieron la conquista de Orán, Bugía y Trípoli para disponer de bases en el norte de África. La expedición, dirigida por Pedro Navarro, tomó Mazalquivir y Orán en 1509, y Trípoli y Bugía en 1510, pero tuvo que regresar a España después del descalabro de la isla de Gelves.

En mayo de 1511 se reinició la guerra en Italia. La Liga de Cambrai reunió a Luis XII de Francia, el emperador Maximiliano I de Alemania, la Santa Sede, Fernando el Católico, los duques de Ferrara y Saboya y el marqués de Mantua contra la República de Venecia. Los coaligados tomaron Brescia, Bérgamo, Cremona y Rávena, y los venecianos evacuaron Brindisi, Otranto y otras plazas del sur de Italia; pero la coalición se deshizo y Venecia recuperó Vicenza y otras plazas. Disuelta la Liga de Cambrai, se formó la Liga Santa con el Papa, España, Alemania y Venecia contra Francia.

En 1512 el ejército francés, dirigido por Gastón de Foix, invadió los Estados Pontificios y derrotó a los aliados en Rávena, pero la disciplinada infantería española se retiró en buen orden, rechazando a la caballería francesa al mantener sus cuadros en formación y cubrió la retirada, salvando a los restos del ejército aliado. Luego, Ramón de Cardona, virrey de Nápoles, derrotó en la Motta (1513) a los venecianos.

En la batalla de Vicenza (7 de octubre de 1513) los venecianos, con 6.000 infantes y 2.000 caballos, atacaron en un desfiladero a la retaguardia española, pero acudieron el cuerpo principal y la vanguardia y lograron envolver a los venecianos, haciéndoles numerosas bajas y tomando sus banderas, artillería y bagajes.

Fernando II de Aragón, *de Michel Sittow. 28,7 x 22 cm. Kunsthistorisches Museum, Viena, Austria.*

LA CAMPAÑA DE NAVARRA (1512)

En 1512 Fernando el Católico, apoyado por el conde de Lerín y muchos nobles de Navarra en sus derechos a la corona de este reino, envió un ejército mandado por Fadrique Álvarez de Toledo, duque de Alba, que tomó Pamplona y ocupó todo el reino. Cuando los franceses enviaron tropas para apoyar a Catalina de Navarra y su esposo Juan de Albret (o Labrit), Alba se retiró a Pamplona, donde recibió los refuerzos mandados por el duque de Nájera. Los franceses se retiraron y las Cortes de Navarra proclamaron rey de Navarra a Fernando el Católico en 1512; luego, en 1515, se declaró la incorporación de Navarra a la corona de Castilla.

DESCUBRIMIENTO Y EXPLORACIÓN DE AMÉRICA

En enero de 1492, después de la conquista de Granda, los Reyes Católicos firmaron las Capitulaciones de Granada con Cristóbal Colón. A Colón se le nombró almirante, virrey y gobernador general de las islas y tierras que descubriera, y se le concedió el décimo de los productos que se sacara de sus descubrimientos.

En su primer viaje Colón llevó tres barcos: la *Pinta*, mandada por Vicente Yáñez Pinzón con Pedro Alonso Niño como piloto; la *Niña*, mandada por Martín Alonso Pinzón con su hermano Francisco como piloto; y la *Santa María*, con el propio Colón como capitán y Juan de la Cosa como piloto. Después de 71 días de viaje descubrió las islas Lucayas o Bahamas, y luego Cuba (Isla Juana) y Haití (La Española), creyendo que eran parte de la India o Japón. Cuando navegaban por las costas de Haití, la *Santa María* encalló y con sus restos se edificó un fuerte donde quedaron 38 españoles que crearon el primer asentamiento en América. Finalmente, Colón regresó a la península Ibérica, donde fue recibido por los Reyes Católicos y confirmado como almirante y adelantado de las Indias.

LOS OTROS VIAJES DE COLÓN

En el segundo viaje (1493) llevó 17 naves y unos 1.500 soldados. Descubrió la Dominica, Marigalante y Guadalupe en las Pequeñas Antillas, Puerto Rico y la Jamaica. Al ver que el fuerte de Haití había sido destruido y su guarnición aniquilada, fundó Isabela (que abandonó por malsana) y Nueva Isabela, que luego se llamó Santo Domingo. Comenzó a repartir tierras a los españoles en las llamadas encomiendas.

En el tercer viaje (1498) llevó solo cuatro naos y dos carabelas. Descubrió la isla de Trinidad y la costa de Venezuela hasta la desembocadura del río Orinoco. Se quedó en La Española, donde el gobernador, su hermano Bartolomé, tenía problemas con los indios y los españoles. No se cumplían las normas de la Casa de Contrata-

ción de Sevilla y los Reyes Católicos nombraron a Francisco de Bobadilla visitador de la isla. Bobadilla destituyó sin proceso al almirante y a su hermano, y los envió a la Península. Los reyes abrazaron a Colón y sustituyeron a Bobadilla por Nicolás de Ovando.

En un cuarto viaje, Colón navegó desde el golfo de Honduras al de Panamá, buscando un paso hacia China y Japón. Descubrió la isla de Martinica y la costa del continente, el cabo de Gracias a Dios y la rada de Portobello. Volvió a España y murió en 1506.

> Colón hizo cuatro viajes a América hasta que Magallanes y Juan Sebastián Elcano dieron la vuelta al mundo

LOS «VIAJES MENORES»
DE OTROS DESCUBRIDORES Y NAVEGANTES

Mientras tanto, habían comenzado los llamados «viajes menores». En 1499 Alonso de Ojeda descubrió y cartografió la costa de Venezuela con Juan de la Cosa y Américo Vespuccio. Vicente Yáñez Pinzón recorrió en 1500 la costa del Brasil hasta las bocas del Amazonas. Diego de Lepe siguió las costas más al sur hasta el cabo de San Agustín. Rodrigo de Bastidas descubrió la desembocadura del río Magdalena en la costa de Colombia. Peralonso Niño reconoció la Costa de las Perlas en Campeche. Juan Ponce de León descubrió la península de la Florida e intentó establecer una población en ella. Francisco Hernández de Córdoba recorrió las costas de Yucatán y descubrió la isla de Cozumel. Juan de Grijalva recorrió el golfo de México. Francisco de Garay exploró la costa de Veracruz y el resto del golfo de México. Vázquez de Ayllón recorrió la costa oriental de la Florida y exploró la de las dos Carolinas. Luego Juan Díaz de Solís descubrió el Río de la Plata (Uruguay y Argentina). Mientras tanto, Nicolás de Ovando acabó de conquistar La Española. Luego envió a Juan Ponce

Retrato de hombre, antes llamado Cristóbal
Colón, *de Sebastiano del Piombo. 1519. Óleo*
sobre lienzo, 106,7 x 88, 3 cm. Metropolitan
Museum, Nueva York. EE. UU.

de León, que exploró y conquistó Puerto Rico, antes de descubrir la Florida; murió, en su segunda expedición a Florida, de una flecha envenenada. Alonso de Ojeda y Martín Fernández de Enciso fundaron una población en Darién y desde ella, Vasco Núñez de Balboa cruzó el istmo de Panamá en 1513 y llegó al Mar del Sur (Pacífico). Todo estaba preparado para el gran viaje de Magallanes y la conquista de México y Perú.

OTRAS NAVEGACIONES Y DESCUBRIMIENTOS EN EL PACÍFICO

En 1526 se organizó la expedición de García Jofre de Loaysa desde España a las Molucas siguiendo la ruta de Magallanes. De entre los miembros de esta expedición, Francisco de Hoces descubrió el paso al sur del cabo de Hornos y Toribio Alonso de Salazar descubrió las islas Carolinas y las Marshall.

Alegoría del Descubrimiento de América, *de Jacopo Zucchi. 1570-1590. Óleo sobre lienzo. Galería Borghese, Roma, Italia.*

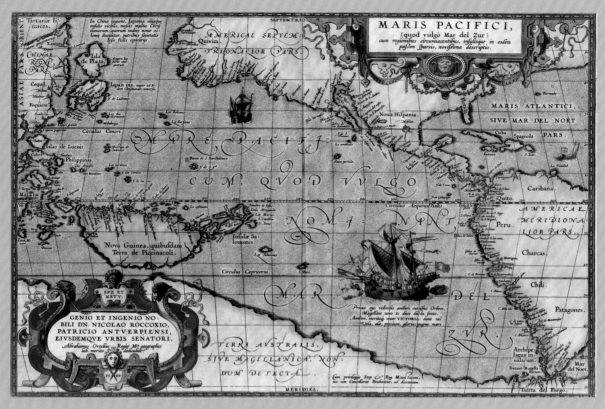

Mar Pacífico de Abraham Ortelius. Este mapa fue publicado en 1589 en el Theatrum Orbis Terrarum. *No fue solo el primer mapa impreso del Pacífico, sino que también recreó América por primera vez.*

LA PRIMERA VUELTA AL MUNDO: MAGALLANES Y JUAN SEBASTIÁN ELCANO (1519-1522)

Desde que se descubrió el océano Pacífico o Mar del Sur, se buscó un paso que sirviera de comunicación entre el Atlántico y el Pacífico. Lo encontró Fernando de Magallanes, marino portugués al servicio de España. En septiembre de 1519 partió de Sanlúcar de Barrameda con cinco naves, *Trinidad, Concepción, Santiago, San Antonio* y *Victoria*, y 234 hombres. Siguiendo la costa americana del Atlántico Sur se perdió el *Santiago*, pero finalmente Magallanes descubrió el estrecho de su nombre y pasó al Pacífico, aunque aquí se escapó el *San Antonio* y volvió hacia España. Atravesó el océano Pacífico y descubrió las islas Marianas y las Filipinas.

Magallanes murió en la isla de Mactán luchando contra los indígenas y la *Concepción* se incendió. De las dos naves que quedaban, la *Victoria*, mandada por Juan Sebastián Elcano, continuó su viaje hacia occidente y llegó a las Molucas; des-

pués atravesó el océano Índico y volvió a España costeando alrededor de África, llegando a Sanlúcar en septiembre de 1522. Habían tardado tres años en dar la vuelta al mundo y solo volvieron 18 hombres de los 270 que partieron con Magallanes, pero cargados de especias, que compensaron todos los gastos. La otra nave, la *Trinidad*, trató de volver a Panamá, pero fue apresada por los portugueses y solo tres de sus hombres regresaron a España.

En la imagen, Nave Victoria de Magallanes, detalle del mapa de Ortelius mostrado en el mapa superior.

89

En otras expediciones, Alonso de Saavedra descubrió la isla de Nueva Guinea en 1528 y avistó las Palaos. Fray Tomás de Berlanga descubrió las islas Galápagos en 1535. Grijalva, en 1537, descubrió las islas Gilbert. Rui López de Villalobos descubrió las islas Hawái (que él llamó islas del Rey) y volvió a explorar las Palaos en 1542. Finalmente, Íñigo Ortiz de Retes cartografió las costas de Nueva Guinea en 1545 y les dio este nombre porque sus habitantes le recordaban a los de la Guinea africana.

LOS EJÉRCITOS Y LAS CAMPAÑAS DE CARLOS V

Al heredar Carlos I los reinos de España, vino con su preceptor, el cardenal Adriano de Utrecht. Carlos I, a fin de obtener subsidios para lograr la corona imperial de Alemania, convocó Cortes primero en Valladolid, luego en Santiago y finalmente en La Coruña en el año 1520.

Una delegación de notables de varias ciudades de Castilla, presidida por Juan de Padilla, regidor de Toledo, se presentó ante el monarca, que se negó a recibirla.

Cuando Carlos I partió para coronarse en la Dieta de Francfort (con los fondos obtenidos en La Coruña) y dejó como regente a Adriano de Utrecht, se formó la Junta Santa de Gobierno en Ávila, que luego se trasladó a Tordesillas; estaba formada inicialmente por el condestable de Castilla, Iñigo de Velasco, y el almirante de Castilla Fadrique Enríquez (que luego apoyaron al regente), el obispo de Zamora Antonio de Acuña, los caballeros Juan Bravo, Francisco Maldonado, Alonso de Pimentel, Juan Zapata y Pedro Lasso de la Vega, y por algunos representantes del pueblo, como el alguacil Pacheco, el tundidor Bobadilla, el tejedor de lana Pinillos y el pellejero Villoria.

El mando militar lo ejercían Juan de Padilla y Pedro Girón. Los sublevados se llamaron comuneros porque decían que defendían los derechos comunes. En la Junta estaban representadas un total de 20 ciudades.

MUERTE DE LOS CABECILLAS DE LOS COMUNEROS

Los comuneros ahorcaron a los diputados de las ciudades que habían votado los créditos pedidos por Carlos I y consiguieron organizar un ejército de 12.000 hombres de caballería e infantería. El alcalde Ronquillo, comisionado por el regente, intentó tomar Segovia, donde fue derrotado por el ejército de milicias que acudió desde Toledo y Madrid.

Para intentar apoderarse de la artillería real, que estaba almacenada en Medina del Campo, el regente envió al general Antonio de Fonseca, que fracasó en su misión e incendió la ciudad. Los comuneros se apoyaron en la reina madre, Juana la Loca, que estaba en Tordesillas, pero los desmanes de algunos de sus partidarios decidieron al condestable Velasco y al almirante Enríquez a apoyar al regente y el condestable consiguió desligar a Burgos de las comunidades.

El ejército real tomó Tordesillas y los comuneros tomaron el castillo de Torrelobatón, pero fueron definitivamente derrotados en Villalar; sus principales caudillos fueron hechos prisioneros. Al día siguiente Juan de Padilla, Juan Bravo y Francisco Maldonado fueron decapitados en la plaza mayor de Villalar. Y el obispo Acuña pereció en su prisión del castillo de Simancas.

LAS GERMANÍAS

Al mismo tiempo en los reinos de Valencia y Baleares se produjo el movimiento popular de las Germanías. Los plebeyos del reino de Valencia se quejaban de que los nobles «trataban sin piedad como esclavos a la gente humilde» y acusaban a los tribunales de dejarse corromper con dádivas y amenazas. Con el pretexto de que los piratas argelinos intentaban un desembarco, se decretó el armamento de milicias, que se declararon en rebeldía desde el primer momento y formaron una Junta Directiva, dirigida por el tejedor Guillén Sorolla y el *pelaire* Juan Lloréns.

Los sublevados pidieron a Carlos I que nombrase jurados de la ciudad «sacados de la mano menor» que salvaguardasen sus intereses; al

Retrato ecuestre del rey Carlos V, *de Anthony Van Dyck. c 1620. Óleo sobre lienzo, 191 x 123 cm. Galería Uffizi, Florencia, Italia.*

El cardenal Adriano de Utrecht recibe a los líderes de las germanías, *de José Benlliure. 1872. Óleo sobre lienzo. Museo de Historia de Valencia, España (cedido por la Sociedad de Amigos del País de Valencia).*

mismo tiempo empezaron a cometer todo tipo de atropellos y desmanes. El virrey de Valencia, Diego Hurtado de Mendoza, secundado por el duque de Segorbe, que llegó del norte con tropas fieles mandadas por el marqués de los Vélez, atacó a los insurgentes. Las milicias fueron derrotadas totalmente en Orihuela. Sus jefes fueron ajusticiados y sus bienes confiscados.

En Mallorca los *payeses* o campesinos iniciaron otra protesta. Asaltaron el castillo de Bellver y mataron a los caballeros que lo defendían; asesinaron al *bayle* (magistrado que administraba justicia) de Santueri, que incendiaron, y se hicieron dueños de la situación hasta que llegó un fuerte contingente de tropas desde la Península. Juan de Odón, cabecilla del movimiento, fue públicamente ajusticiado en Palma de Mallorca.

GUERRAS CONTRA FRANCISCO I DE FRANCIA

Debido al enfrentamiento inicial entre Carlos I de España y Francisco I de Francia por la corona imperial de Alemania, que consiguió Carlos (a partir de entonces también Carlos V de Alemania), Francisco I intentó resarcirse ejerciendo sus derechos al Ducado de Milán. Después de la batalla de Marignano (1515) había quedado como señor de Milán, pero una alianza entre el Papa y España logró apoderarse de las plazas de Milán, Pavía, Lodi, Parma y Piacenza.

Un nuevo ejército francés mandado por Odet de Foix, vizconde de Lautrec, fue derrotado en el combate de la Bicocca (1522), donde la infantería española, mandada por Antonio de Leyva, detuvo primero el asalto frontal de los suizos al servicio de Francia y, cuando se vio atacada por su retaguardia por la caballería francesa, mantuvo su formación en cuadro y desbarató el nuevo ataque francés. Francia solo consiguió mantener las ciudadelas de Milán y Cremona.

NUEVAS OFENSIVAS DE FRANCISCO I EN EL NORTE DE ITALIA (1523 Y 1524)

En 1523 un nuevo ejército francés, mandado por el almirante Bonnivet, entró en Lombardía, pero avanzó despacio y dio tiempo a que los ejércitos hispano-italianos le bloquearan en el Tesino.

Ambos ejércitos se atrincheraron uno frente a otro, pero los imperiales vencieron en varios encuentros y Bonnivet tuvo que retirarse a Francia. Un ejército francés muy reforzado volvió a entrar en Italia en 1525, ya con Francisco I como jefe. Tomó la ciudad de Milán, excepto la ciudadela, donde resistió el duque Francisco Sforza; dejó al duque de la Trémoille sitiando la ciudadela y se dirigió con 50.000 soldados a sitiar la plaza de Pavía, defendida por Antonio de Leyva con 6.000 hombres (1.000 españoles y 5.000 lansquenetes). El grueso del ejército imperial tuvo que limitarse a mantener sus posiciones entre Alessandria, Lodi, Milán y Pavía, sin poder atacar a los franceses, aunque recibió algunos refuerzos mandados por Carlos de Lannoy, virrey de Nápoles.

Para levantar sus ánimos, el marqués de Pescara, con 3.000 infantes llevando camisas sobre sus armaduras para reconocerse, asaltó una noche el campamento francés en Melzi, lo quemó y cogió 400 prisioneros.

LA SEGURIDAD DE LOS FRANCESES

Los franceses estaban tan seguros de su victoria que pusieron en Roma un pasquín que decía: «El que supiere del ejército imperial, que se ha perdido en las montañas de Génova, puede manifestarlo y se le dará un buen premio». Pero después de la sorpresa de Melzi, el almirante Bonnivet dijo a Francisco I: «Muchas veces, señor, me habéis preguntado por los españoles que me vencieron y siempre os dije que dormían; y efectivamente esta mañana se han despertado en camisa y os han llevado toda la gente que teníais en Melzi; mirad, señor, bien lo que hacéis porque si los dejáis vestirse, no será difícil que nos lleven a todos nosotros». Y en Roma apareció otro pasquín que decía: «Los que el ejército del emperador tenían por perdido sepan que al fin ha aparecido en camisa y helado, y con 200 hombres de armas y otros tantos infantes presos. Cuando esto hacen en camisa, ya pueden prepararse los que quieran esperar a que salgan al campo vestidos y armados».

La infantería toma fuerza dentro del ejército francés en el siglo XVI. Aunque los uniformes no se habían normalizado, las unidades de choque sí lo pretendían. Los arcabuceros iban vestidos ligeros porque confiaban en la protección de los piqueros, el primero lleva un casco conocido como morrión, los soldados y oficiales podían pertenecer a fuerzas mercenarias procedentes de otros países.

Francisco I de Francia, *de Jean Clouet. 1519. Óleo sobre madera de roble, 96 x 74 cm. Museo del Louvre, París, Francia.*

PESCARA TOMA EL MANDO DEL EJÉRCITO IMPERIAL Y ATACA A FRANCISCO I EN PAVÍA

Las tropas sitiadas en Pavía llevaban meses sin cobrar. Los lansquenetes amenazaron con pasarse a los sitiadores; Leyva les contentó entregándoles su oro y vajillas, pero no podía aguantar mucho más. Cuando Pescara recibió algunos refuerzos mandados por el condestable de Borbón, prometió a sus tropas conseguir una victoria si se resignaban a estar una semana más sin cobrar para gastar el dinero en pólvora y balas. Los soldados aceptaron y le ofrecieron sus ahorros. Salieron de Lodi con unos 24.000 hombres y se dirigieron hacia Pavía. Pero Francisco I, que acampaba ante Pavía dentro de un parque con un muro de 2'5 m de alto, se reforzó con hasta 31.000 hombres de la guarnición de Milán y mantuvo las posiciones del sitio de Pavía.

CLAVES DE LA BATALLA DE PAVÍA (24 DE FEBRERO DE 1525)

Avance de los imperiales. Pescara consiguió meter en la ciudad a 50 jinetes con sacos de pólvora en las grupas de sus caballos y se concertó con Leyva. Para animar al virrey (que quería retirarse) y a sus tropas dijo: «Si queréis honra y favor, alimento y botín, enfrente lo tenéis; ataquemos las posiciones enemigas, pues este es el partido que dicta el honor de nuestras armas».

La noche del 19 al 20 de febrero Pescara incendió sus tiendas para hacer creer a los franceses que se retiraba y se acercó sigilosamente al campamento francés, llevando sobre las armaduras las camisas y encima la banda roja del emperador. Los gastadores rompieron en tres puntos el muro y los imperiales penetraron por los tres huecos en el campamento de Francisco I. Cuando este se dio cuenta, el ejército imperial estaba dentro y formado.

La formación de los imperiales. A la izquierda se colocó la división del marqués del Vasto con 1.500 arcabuceros españoles e italianos y 200 hombres de caballería ligera. A su derecha estaba Pescara con 5.000 hombres de infantería y caballería ligera españolas. Luego venían dos grandes formaciones de 6.000 lansquenetes cada una, mandadas por Lannoy y el condestable de Borbón, con unidades de caballería en los flancos. Finalmente, Frundsberg con 6.000 lansquenetes más.

En la retaguardia, mandada por el marqués de Civitá de Santangelo, había infantería española e italiana y las seis piezas de artillería que tenían (mientras que los franceses contaban con más de 30). Antonio de Leyva estaba en Pavía esperando el mejor momento para hacer una salida. La escasa artillería imperial bombardeó las líneas de sitio francesas para crear más confusión. Enfrente, el ejército francés estaba en una formación similar. Sorprendidos, los franceses tenían aún gran parte de sus fuerzas en el cerco; mandadas por el duque de Alençon y atacaron a la retaguardia imperial.

Ataque francés y reacción imperial. Los primeros en atacar fueron algunas piezas de artillería y los gendarmes a caballo apoyados por los suizos y lansquenetes al servicio de Francia. La artillería empezó a disparar contra la retaguardia imperial, que se desordenó ante la carga de los gendarmes a caballo. Pero Francisco I se precipitó y cargó demasiado pronto contra la caballería imperial, dispersándola, pero impidiendo que siguiera el fuego de su artillería. Cuando intentó cargar de nuevo sobre los lansquenetes imperiales, estos le rechazaron y los gendarmes perdieron su ímpetu. Mientras, los suizos franceses atacaron a la formación del marqués del Vasto, pero los arcabuceros, protegidos por los piqueros, los mantuvieron a distancia. Entonces Pescara ordenó avanzar a toda el ala izquierda imperial. Los piqueros españoles rechazaron a los suizos y en el otro extremo de la línea los lansquenetes imperiales de Frundsberg envolvieron y rechazaron a sus compatriotas al servicio de Francisco I.

Batalla de Pavía, *de Joachim Patinir. 1530, 32 x 41 cm. Kunsthistorisches Museum, Viena, Austria.*

En ese momento, Leyva salió de la ciudad con 4.000 infantes y 300 jinetes y cortó la retirada de los franceses mandados por Alençon. Finalmente, los arcabuceros y piqueros españoles, ante la retirada de los suizos, pudieron atacar por el flanco a la caballería francesa, que dio una última carga y pereció casi en su totalidad. Francisco I cayó prisionero de tres soldados es-

La batalla de Pavía, en un tapiz de Bernard van Orley y William Dermoyen. Lana, seda, plata y oro, 440 x 818 cm. Museo Nacional de Capodimonte, Nápoles, Italia. Colección De Avalos, donada al estado italiano en 1862.

ENSEÑANZAS DE LA BATALLA DE PAVÍA: IMPORTANCIA DE LA INFANTERÍA Y LA ARTILLERÍA

En la batalla de Pavía (24 de febrero de 1525) la caballería francesa fue hecha trizas por los arcabuceros españoles, confirmando el ocaso de la caballería acorazada como factor decisivo en el campo de batalla. Francisco I cayó herido y prisionero de los piqueros españoles. La mayoría de las bajas francesas se debió al fuego de los arcabuceros. Pavía también demostró la importancia de las piezas de artillería y de la buena instrucción de sus dotaciones. Como los franceses solo las usaban para demoler fortalezas, no supieron utilizarlas en la batalla.

pañoles, el vasco Juan de Urbieta, el gallego Alonso Pita da Veiga y el alférez granadino Diego de Ávila. Al final las bajas de Francisco I ascendieron a 10.000 muertos; unos 3.000 más se ahogaron en el río Tesino cuando los franceses, para asegurar su huida, cortaron el puente demasiado pronto. También perdió sus banderas y su artillería. El ejército imperial solo tuvo 800 bajas.

NUEVAS GUERRAS DE CARLOS V CONTRA FRANCISCO I

SEGUNDA GUERRA DE ITALIA

Después de que Francisco I firmara el Tratado de Madrid y regresase a Francia, dijo que no era válido porque lo había hecho forzado. Entró en la Liga Clementina, formada por el papa Clemente VII, Francisco I, Enrique VIII de Inglaterra, el duque de Milán, la República de Venecia y varios príncipes italianos. Hugo de Moncada tomó Roma y Clemente VII firmó una tregua. Carlos V envió al condestable de Borbón, que tomó nuevamente Roma y el pontífice huyó al castillo de Santángelo y la ciudad fue saqueada.

Andrea Doria se pasó al campo imperial y obligó a los franceses a levantar el sitio de Nápoles, mientras que otras tropas imperiales se apoderaron de Milán. Cuando un ejército francés se acercó a Milán para sitiarlo, Leyva volvió a salir de noche con sus tropas encamisadas y sorprendió a Saint-Paul en Laudriano, tomando la artillería y los bagajes franceses. El príncipe de Orange, general de Carlos V, sitió Florencia; Orange murió en una refriega, pero Fernando de Gonzaga, su sucesor, tomó Florencia.

> Las guerras italianas entre Carlos V y Francisco I continuaron casi 30 años sin que Francisco I recuperara ningún territorio esencial

PAZ DE CAMBRAI O DE LAS DAMAS (1529)

Finalmente, se firmó la Paz de Cambrai (1529) o de las Damas, que negociaron Luisa de Saboya, madre de Francisco I, y Margarita de Austria, tía de Carlos. Se estipuló que Carlos V se quedara con Nápoles, pero abandonara sus pretensiones sobre Borgoña; que Francisco I pagase 2.000.000 de escudos como rescate de sus hijos y abandonase Italia; que un sobrino del Papa quedara con la soberanía de Florencia casándose con una hija del emperador; y que Francisco Sforza fuera repuesto como duque de Milán.

CONQUISTA DE TÚNEZ (1535)

Como represalia por los dos ataques turcos sobre Viena, cuando se supo que el pirata Barbarroja se había apoderado de Túnez expulsando a su

El emperador Carlos V, *de Juan Pantoja de la Cruz, 1605. Óleo sobre lienzo, 183 x 110 cm. Museo del Prado, Madrid, España.*

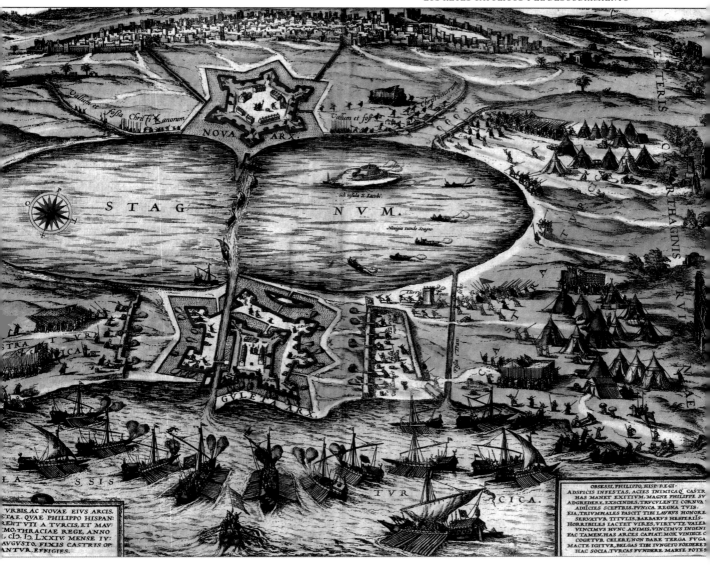

Mapa de Túnez, *de Bran & Hogenber Bertrand Bouret. Muestra el asedio a Túnez desde el mar y con fuerzas desde tierra.*

rey, Carlos V organizó una expedición para expulsarlo. Partió con 30.000 soldados y casi 500 barcos. Primero se tomó el castillo de La Goleta y luego el ejército avanzó hacia Túnez, teniendo que llevar la artillería a brazo. Cuando los musulmanes intentaron detenerles en los pozos de agua de las ruinas de Cartago, el ejército imperial, agotado y sediento, pero entusiasta, les derrotó y entonces los 12.000 cautivos cristianos que había en Túnez se rebelaron, tomaron la artillería turca y la volvieron contra la ciudad. Barbarroja huyó a Bona. El rey de Túnez, repuesto en su trono, quedó como fiel aliado de España.

TERCERA GUERRA DE ITALIA, TREGUA DE NIZA (1538)

Muerto Francisco Sforza sin sucesión y habiendo dejado por heredero a Carlos V, en nombre de este, Antonio de Leyva tomó posesión del Milanesado. Francisco I no lo aceptó y recomenzó la guerra. Carlos V se apoderó de la Provenza y Francisco I, del Piamonte.

Carlos V sitió Marsella, pero se tuvo que retirar por la peste y para enfrentarse a Francisco I en Italia. Finalmente, el papa Paulo III logró que se firmase la Tregua de Niza entre los contendientes, que conservaron sus conquistas.

DEFENSA DE CASTELNUOVO POR EL TERCIO VIEJO DE SARMIENTO (JULIO DE 1539)

Inicio del sitio. En 1538, durante la Santa Liga contra el Imperio otomano, el Tercio Viejo de Nápoles había tomado la ciudad de Castelnuovo en la costa de Dalmacia. En 1539 se envió a defender la fortaleza al Tercio Viejo de Sarmiento (3.200 españoles y 300 griegos), con su maestre de campo Francisco de Sarmiento al frente. El sultán envió a Hair-ed-Din Barbarroja a recuperar la plaza, con 20.000 marineros y soldados veteranos, y el ulema de Bosnia llegó con otra fuerza de 30.000 hombres por el norte. Los primeros asaltos fueron rechazados; los españoles realizaron varias salidas para entorpecer el trabajo de los turcos, causándoles cientos de bajas. Barbarroja ofreció a los españoles vía libre para volver a Italia, pero Sarmiento se negó y le contestó: «Vengan cuando quieran». El 24 de julio comenzó el asalto; los turcos perdieron 6.000 hombres y el Tercio, solo 100. Al alba del día 26 unos 600 hombres del Tercio salieron de la plaza, tomando a los turcos por sorpresa y Barbarroja se refugió en la flota. El 4 de agosto Barbarroja había derruido las murallas de Castelnuovo con su artillería; por la noche la ciudad era suya. El Tercio Viejo de Sarmiento se refugió en los restos de la ciudadela. El 5 de agosto los turcos se lanzaron al asalto, pero los españoles los rechazaron. El 6 de agosto se combatió al arma blanca. El 7 de agosto la fortaleza ya no tenía murallas en pie y los últimos 600 hombres del Tercio, sin municiones, se defendieron a espada; Sarmiento y todos sus oficiales habían perecido. El 8 de agosto, ante el último ataque turco, cayó hasta el último hombre del Tercio, peleando al arma blanca espalda contra espalda en el patio de la derruida fortaleza. El Tercio tuvo un cien por cien de bajas, pero causó al enemigo 18.000 muertos.

SITIO DE ARGEL

Carlos V decidió intentar la conquista de Argel para privar a los piratas berberiscos y turcos de su última base. Reunió una escuadra de más de 150 naves, 20.000 infantes y 2.000 caballos, con artillería y abastecimientos. Pero cuando se puso sitio a la ciudad, un terrible temporal deshizo la flota y se quedaron sin abastecimientos ni comida, y sin tiendas, por lo que tuvieron que reembarcarse habiendo perdido solo 150 hombres y casi todos los caballos. A la vuelta, otra tempestad acabó de deshacer la flota.

CUARTA GUERRA DE ITALIA, LA PAZ DE CRÉPY (1544)

Francisco I se alió con Solimán el Magnífico y con Barbarroja. Los franceses ganaron la batalla de Cerisole, sin consecuencias. Finalmente, se firmó la Paz de Crépy, en la que se acordó devolver al duque de Saboya las posesiones que le había ocupado Francisco I, que desistió de sus pretensiones sobre Nápoles, Flandes y Artois, y Carlos V renunció a Borgoña.

GUERRA EN ALEMANIA

En Alemania se formó la liga protestante de Smalkalda; en ella entraron los reyes de Suecia y Dinamarca, el elector de Sajonia, el landgrave de Hesse y el duque de Prusia. Carlos V y su hermano el archiduque Fernando, rey de Bohemia y Hungría, que era el gobernador de Alemania, se opusieron a ella y se llegó a la guerra abierta. De los grandes señores alemanes, solo apoyó a Carlos V el duque Mauricio de Sajonia. Las tropas de los Habsburgo estaban compuestas por 8.000 veteranos de los Tercios españoles a las órdenes de Fernando Álvarez de Toledo, duque de Alba; 16.000 lansquenetes alemanes; 10.000 italianos dirigidos por Octavio Farnesio y 5.000 belgas y flamencos mandados por Maximiliano de Egmont, conde de Buren. En total, 44.000 infantes y 7.000 jinetes. Para la campaña de Mühlberg la Liga contaba con unos 45.000 peones y 7.000 jinetes mandados por Juan Federico, elector de Sajonia, y por Felipe el Magnánimo, landgrave de Hesse.

BATALLA DE MÜHLBERG (1547) Y LA PAZ DE AUGSBURGO (1548)

Las tropas de la Liga estaban acampadas a orillas del río Elba, cerca de Mühlberg, en Sajonia.

TRAICIÓN DE MAURICIO DE SAJONIA

Mauricio de Sajonia traicionó al emperador. Había reclutado un ejército personal en Turingia y negoció con Enrique II de Francia. En marzo de 1552 Mauricio se alzó en armas y en abril tomó Augsburgo, mientras el ejército francés mandado por el condestable de Montmorency invadió Lorena y tomó las ciudades de Metz, Toul y Verdún. Mauricio sorprendió a Carlos V en Innsbruck sin tropas, obligándole a huir a Italia por el Brennero. Carlos V tuvo que aceptar el Tratado de Passau (1552) por el que liberaba a Felipe de Hesse, amnistiaba a los antiguos miembros de la Liga de Smalkalda y cesaban las hostilidades; Mauricio se comprometía a disolver parte de su ejército. Carlos V reorganizó sus fuerzas con 400.000 ducados de los Fugger. Arriba, *Retrato del príncipe elector Mauricio de Sajonia, de Lucas Cranach el Joven. Óleo sobre lienzo, 1211,5 x 93 cm. Staatliche Kuntammlungen, Dresde, Alemania.*

Habían destruido los puentes y se consideraban protegidas por el río; tenían preparado un puente de barcas en tres secciones. Pero antes de la madrugada del 24 de abril de 1547, aprovechando la noche, diez arcabuceros españoles cruzaron el río a nado con la espada entre los dientes, atacaron a los guardias de los pontones y volvieron con las barcas a su orilla. Además, el duque de Alba había encontrado un vado por el que pasó la caballería ligera, llevando a los arcabuceros a la grupa. Los jinetes imperiales y los Tercios españoles que cruzaron el río se abalanzaron sobre el ejército protestante, que fue aniquilado en su huida; sus jefes fueron apresados. Carlos V pronunció su famosa frase: «Vine, vi y venció Dios». El emperador alcanzó la victoria militar sobre la Liga, pero sus intentos de reconciliación religiosa en la Dieta de Augsburgo fallaron. A Mauricio de Sajonia se le nombró elector de Sajonia.

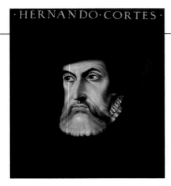

La **expansión** por el Nuevo Mundo

La conquista de América por parte de exploradores que eran mitad soldados y mitad aventureros puso bajo la corona española un poder nunca antes visto. La era de los descubrimientos trajo consigo oro, plata y todo tipo de productos exóticos que enriquecieron a España. Cuando Felipe II heredó la corona de Carlos V tenía un Imperio tan vasto que resultaba difícil de defender y tuvo que afrontar infinidad de conflictos hasta la sublevación de los Países Bajos y la derrota de la Armada Invencible, el comienzo del declive español.

LAS CONQUISTAS DE MÉXICO Y DE GUATEMALA

En 1517 Diego Velázquez de Cuéllar, gobernador de Cuba, envió tres naves bajo el mando de Francisco Hernández de Córdoba, que desembarcaron en Yucatán, encontrándose con la civilización maya, y exploraron la costa del golfo de México; por primera vez vieron casas «de cal y canto». En una segunda expedición, también organizada por Velázquez y dirigida por Juan de Grijalva en 1518, exploraron la costa desde Campeche hasta Tampico y luego hasta la isla de San Juan de Ulúa y la bahía de Veracruz.

PARTIDA DE LA EXPEDICIÓN DE HERNÁN CORTÉS PARA LA CONQUISTA DE MÉXICO (1519)

Después de las noticias que trajo la expedición de Grijalva, Velázquez decidió enviar un grupo más numeroso a establecerse en México y fundar una población. Para mandar la expedición escogió a Hernán Cortés, que, en febrero de 1519, partió con 11 naves y unos 600 españoles, 300 indios, 10 cañones, cuatro culebrinas y 32 caballos. Llevaba 32 ballestas, 13 mosquetes y 300 lanzas y espadas, más las armas individuales

Retrato del conquistador español
Hernán Cortés (1485-1547).

de los soldados. Al llegar a la isla de Cozumel, rescató a dos españoles prisioneros de los indios; uno de ellos, el sacerdote Jerónimo de Aguilar, siguió con él y le sirvió de intérprete. Después fondeó ante la desembocadura del río Grijalva, pero fue mal recibido por los indios; entonces los acometió y conquistó la ciudad de Tabasco, fortificada con una muralla de troncos. El cacique pidió la paz y le regaló algunos cautivos, entre ellas una que era una princesa de origen totonaca que hablaba maya y nahuatl (la lengua de los aztecas) a la que llamaban Malinche; los españoles la bautizaron como Doña Marina. Entre Aguilar y Doña Marina lograron entenderse con todas las tribus que fueron encontrando hasta llegar a la ciudad de México.

FUNDACIÓN DE LA CIUDAD DE VERACRUZ

Cortés siguió la ruta de Grijalva y llegó a la bahía de San Juan de Ulúa. En ella fundó la ciudad de Veracruz. En ella él renunció al nombramiento recibido de Velázquez, se nombró a los regidores y al alcaide, y ellos le eligieron por «capitán general y gobernador de Nueva España», con lo cual se había independizado de Velázquez. Allí recibió a los primeros embajadores de Moctezuma. Entre otros regalos, le trajeron «una rodela revestida de oro, del tamaño de una rueda de carreta, totalmente labrada», y otra de plata de tamaño semejante; esto decidió a Cortés a emprender la marcha en cuanto tuvo segura su retaguardia.

Entonces llegaron a Veracruz unos indios que venían de parte del caudillo de Cempoala, jefe de los totonacas. A través de sus dos intérpretes, Cortés se enteró de que Quauhtlaebana, el cacique de Cempoala, quería aliarse con él en contra del emperador de Tenochtitlán. Los totonacas se convirtieron en sus aliados contra los aztecas, que les tenían oprimidos y les exigían cautivos para sus sacrificios rituales.

Aunque le costó dos años de enfrentamientos, Cortés tomó Tenochtitlán en 1521, iniciando así la colonización en México

CORTÉS TUVO QUE DOMINAR A SUS HOMBRES EN VERACRUZ

Después de fortificar Veracruz, Cortés decidió seguir hacia Tenochtitlán con el apoyo de los de Cempoala. Pero algunos de sus hombres creían que era demasiado arriesgado y trataron de persuadir a los demás para regresar a Cuba. Cortés, que no podía volver a presentarse ante Velázquez, decidió enviar directamente a España a Alonso Hernández de Portocarrero y Francisco de Montejo a exponer su caso ante el rey y ba-

Conquista de México por Hernán Cortés., *de Juan González. 1698. Óleo sobre tabla, 97 x 53 cm. Colección Real (Gabinete de Historia Natural, 1839), Museo del Prado, Madrid, España.*

Traición de los aztecas y prisión de Moctezuma. Los españoles continuaron en la capital algunos días, pero llegaron cartas de Veracruz avisando de que Qualpopoca, un general de Moctezuma, había atacado Cempoala para castigar a sus habitantes por ayudar a los españoles. Juan Escalante, gobernador de Veracruz, había salido en defensa de sus aliados y los aztecas le habían atacado. Escalante los derrotó, pero fue herido y murió; además, los aztecas habían capturado a Juan de Argüello, al que cortaron la cabeza para mandársela a Moctezuma. Enterado Cortés de estos hechos, se apoderó de Moctezuma y le tuvo prisionero para obligarle a castigar a sus generales que habían violado la paz y matado a Escalante y Argüello. En la imagen, una recreación del encuentro entre Hernán Cortés con el emperador azteca Moctezuma II.

EL EJÉRCITO DE HERNÁN CORTÉS

El ejército inicial de Cortés estaba formado por unos 600 españoles (500 soldados y 100 marineros), 300 indios, 10 cañones, cuatro culebrinas y 16 caballos. Los infantes llevaban picas, espadas y rodelas, pero muchos no tenían armaduras, sino petos de telas muy gruesas. Algunos de los caballos eran propiedad a medias de dos o tres españoles. Muchos de estos soldados tenían cuentas con la justicia, que se perdonaron a cambio de una férrea disciplina. Cuando salió de Veracruz con sus aliados de Cempoala, llevaba 400 españoles (con 15 caballos), unos 1.000 cempoaltecas y muchos porteadores indios para llevar la artillería y los abastecimientos. Luego llegó Pánfilo de Narváez con 900 infantes, 80 jinetes, 80 arcabuceros, 100 ballesteros y 20 cañones. Pero estos soldados no eran unos veteranos endurecidos como los de Cortés y se desanimaron mucho cuando se vieron sitiados en Tenochtitlán. Como quisieron llevarse el oro que habían conseguido, muchos se ahogaron en la Noche Triste. Finalmente, los supervivientes de Narváez y Cortés combatieron hombro con hombro en Otumba y juntos derrotaron a los aztecas. Al llegar a Tlascala, contaba solo con 540 infantes, 40 caballos, nueve piezas de artillería y 10.000 tlascaltecas escogidos; luego recibió refuerzos hasta contar con 194 arcabuceros y ballesteros, 900 peones con rodela y espada o lanza, 84 caballos y 18 cañones. En la imagen, entrada del ejército de Hernán Cortés en Tlascala (julio de 1520), después de la batalla de Otumba, recreado en el grabado de Antonio Solís en la *Historia de la conquista de México*.

rrenó todas las demás naves para que nadie pudiera pensar en desertar o en llevar aviso a Velázquez en Cuba. Después se preparó para marchar hacia Tenochtitlán.

De camino a Tenochtitlán tuvo que pasar por Tlascala, cabeza de una confederación de tribus que estaba enfrentada con los aztecas. Cortés se vio rodeado por más de 50.000 indios, pero consiguió derrotarles. Los tlascaltecas se sometieron y se unieron a Cortés con más guerreros para luchar contra los aztecas. De Tlascala pasó a Cholula, que recibió a Cortés con cordialidad. Pero este se enteró de que preparaban un levantamiento y lo sofocó. Luego salió hacia Tenochtitlán, ya con solo 450 españoles y 6.000 indios. Moctezuma salió a recibirle a las puertas de su capital. La ciudad estaba edificada en medio de un lago y se entraba en ella por varias calzadas muy anchas, pero interrumpidas por puentes levadizos.

DERROTA DE NARVÁEZ

A primeros de 1520 le llegó a Cortés la noticia de que había llegado Pánfilo de Narváez, enviado por Velázquez, con 18 naves, 900 peones, 80 caballos y bastantes arcabuces y cañones. Cortés partió inmediatamente hacia Veracruz, dejando a Pedro de Alvarado como jefe de los españoles en Tenochtitlán. Procuró negociar con Narváez y como no llegó a un acuerdo, Cortés organizó un ataque nocturno y se apoderó de Narváez y sus principales oficiales y su artillería, con lo que el resto de la tropa se rindió rápidamente. Cortés tomó el mando de todos, se apoderó de la flota y se preparó para volver a Tenochtitlán, dejando prisionero a Narváez con algunos de sus oficiales e incorporando a todas sus tropas.

LA NOCHE TRISTE Y LA VICTORIA EN OTUMBA

Cortés llegó con los restos de sus fuerzas al valle de Otumba y se lo encontró ocupado por un numerosísimo ejército azteca, «bien ordenado y mandado» por el mejor general azteca, que llevaba el estandarte real de México. Los españoles acometieron a sus enemigos, que eran tantos que «no se notaba la falta de los muchos que sucumbían, porque eran al punto reemplazados por otros». Todos los soldados españoles y sus indios aliados procuraban acometer a los jefes aztecas más señalados, que traían grandes penachos de oro. Hubo un momento en que Cortés temió que podían perder la batalla, pero al ver el estandarte real azteca dio una última carga con los caballos a media rienda contra el general de los indios, al que arrojó al suelo herido de un bote de lanza. Un soldado español acabó de matar al general, recogió el estandarte y lo pasó a Cortés. Con esto los aztecas se desbandaron y huyeron, dejando 20.000 cadáveres en el campo. Esta victoria se obtuvo sin cañones y casi sin pólvora. Después de este triunfo, Cortés siguió a Tlascala, donde el ejército descansó y se recuperó.

Abajo, el conquistador español Hernán Cortés en la batalla de Otumba tras la retirada de Tenochtitlán.

LA NOCHE TRISTE

Mientras Hernán Cortés derrotaba a Pánfilo de Narváez, Pedro de Alvarado y los 80 españoles que estaban en la capital fueron atacados por los aztecas: Cortés volvió a Tenochtitlán con 1.000 infantes españoles, 2.000 tlascaltecas y 100 caballos. Llegó a la capital y liberó a Alvarado y los sitiados, que seguían teniendo preso a Moctezuma. Los aztecas les dejaron entrar en la ciudad para luego poder alzar los puentes y matar a todos los españoles. Cortés hizo salir a Moctezuma a la azotea para que hablase a los insurrectos, pero no pudo calmarles, le apedrearon, fue herido y falleció a los pocos días. Cortés decidió salir de noche de la ciudad. Iniciaron la marcha con gran orden y en silencio, pero luego se desordenaron al llegar a los puentes que habían montado para la salida. En algún punto tuvieron que vadear con el agua al cuello, mientras los indios les acometían desde sus canoas. La arti-

llería y la pólvora se hundieron y muchos españoles y aliados murieron; se perdieron más de 50 caballos. Solo logró salvarse una parte de los españoles en esta Noche Triste. Los supervivientes tuvieron que combatir durante seis días sin parar, retrocediendo hacia Tlascala.

TOMA DEFINITIVA DE LA CIUDAD DE TENOCHTITLÁN (15 DE AGOSTO DE 1521)

Después de recuperarse, Cortés volvió a avanzar con los supervivientes de Otumba; luego recibió refuerzos hasta contar con el doble de tropas, caballos y cañones. Puso sitio a Tenochtitlán, defendido por Guatimozín, un sobrino de Moctezuma que se negó a aceptar las propuestas de paz de Cortés. Entonces este construyó unos bergantines para atravesar las lagunas de México y atacó la ciudad por tres puntos diferentes. Las tres columnas estaban mandadas por Pedro de Alvarado, Gonzalo de Sandoval y Cristóbal de Olid; cada grupo estaba formado por 150 españoles, 30 caballos y dos cañones, con 800 tlascaltecas. En pocos días conquistó toda la ciudad, excepto algunos barrios periféricos. Finalmente, un bergantín se apoderó del emperador, que huía en una canoa, y con esto se rindieron todos los aztecas el 15 de agosto de 1521.

LA CONQUISTA DE PERÚ

Las primeras noticias de la existencia del Imperio inca las recibió Vasco Núñez de Balboa en 1511. Luego Pedro Arias Dávila, gobernador de Darién en Panamá, recibió más información. Finalmente, tres colonos de Darién, Francisco Pizarro, Diego de Almagro y Hernando de Luque, se decidieron a organizar una expedición para el descubrimiento y conquista de Perú. Pizarro era hijo natural de un hidalgo y no sabía ni leer ni escribir (sus hermanos menores, sí). Veterano de las campañas de Italia, luego fue soldado en La Española, Urabá, Colombia y Panamá; tenía fama como magnífico sargento mayor de mantener la mejor disciplina. Almagro era otro hijo natural y soldado veterano que se había distinguido en la conquista de Panamá; tampoco sabía leer ni escribir. Hernando de Luque era un sacerdote algo acomodado, cura párroco de Panamá. Entre los tres reunieron algo de dinero, firmaron un acuerdo, y en 1524 aprestaron una nave y con 100 españoles emprendieron la primera expedición a Perú. Pizarro costeó y llegó hasta Túmbez y la isla de las Perlas; Almagro llegó poco después en otro barco. Decidieron volver a Panamá y organizar otra expedición con más medios.

SEGUNDA EXPEDICIÓN AL PERÚ (1526)

El gobernador autorizó una nueva expedición, en 1526, que llegó hasta el río San Juan y la isla del Gallo. Allí quedó Pizarro, mientras Almagro volvía a Panamá con un barco en busca de víveres y gente, y el piloto Bartolomé Ruiz seguía explorando hacia el sur. Cuando su gente quiso volver a Panamá, Pizarro logró que 13 hombres se quedaran con él y siguió explorando. Pasó Guayaquil y llegó al puerto de Santa; vio cómo era el Imperio inca y regresó a Panamá para organizar la expedición definitiva.

Dos veces tuvo que atisbar Francisco Pizarro el Imperio Inca antes de lograr la conquista definitiva

LA EXPEDICIÓN DEFINITIVA (1531)

Pizarro volvió a España. Consiguió una audiencia con Carlos V (1528), le explicó sus proyectos y logró que el monarca le nombrase «gobernador y capitán general» de lo que conquistara en el Perú y «adelantado y alguacil mayor» del nuevo reino. Con estos títulos volvió llevándose a sus hermanos Gonzalo, Juan y Hernando y a su hermano de madre, Martín Alcántara. Reunió dinero y en febrero de 1531 partió de Panamá con tres navíos, unos 180 infantes y 36 jinetes. Al llegar a la isla de Puna, el cacique local trató de acabar con ellos, pero Pizarro lo descubrió a tiempo.

ALVARADO Y PIZARRO

Pedro de Alvarado salió de México para conquistar la tierra al sur del istmo de Tehuantepec, la actual Guatemala. Se alió con los cakchiquelos para derrotar a los quiches y conquistó su capital, Utitlán. Apresó a los caciques vecinos, nombró jefes de tribu a los sucesores de los muertos y pactó con ellos. En 1524 fundó la ciudad de Guatemala y ocupó el territorio de El Salvador. El rey le nombró gobernador de Guatemala, pero Alvarado organizó otra expedición para conquistar lo que hoy es Ecuador. En Quito se encontró con que Sebastián de Belalcázar ya había llegado allí en nombre de Francisco Pizarro. Finalmente, llegaron a un acuerdo y Alvarado volvió a Guatemala. En la imagen, Retrato de Pizarro, *de Amable-Paul Coutan. 1835. Óleo sobre lienzo, 72 x 54 cm. Museo Nacional del Castillo de Versallles, París, Francia.*

Cuando Pizarro y sus hombres estaban en la isla del Gallo, sin víveres ni esperanzas, llegó un barco de Panamá. Pizarro trazó con su espada una raya en la tierra y dijo: «Por ahí se va a Panamá a ser pobres; por aquí al Perú a ser ricos y famosos». Solo 13 cruzaron la raya para ponerse al lado de Pizarro; uno de ellos era el piloto Bartolomé Ruiz. Destacado en rojo en la imagen, fresco del siglo XVI que representa al conquistador español Pizarro en la isla del Gallo, en cuya cartela se puede leer la histórica frase.

LA LLEGADA A PERÚ

Pizarro llegó al Imperio incaico, que estaba en plena guerra civil entre los hijos de Huayna Capac: Atahualpa y Huáscar. Desembarcó en Túmbez y se encontró con un emisario de Atahualpa, que se encontraba cerca de Cajamarca. Este y otros emisarios le aportaron regalos del Inca, pero trataban de disuadirle de reunirse con él. Los indios le informaron de que Atahualpa había hecho prisionero a Huáscar y lo tenía preso en la fortaleza de Sacsahuamán. Luego algunos le dijeron que había dado orden de matar a Huáscar y acabar con los españoles si se internaban en Perú. Pizarro cruzó los Andes y siguió hasta Cajamarca. Estableció allí su campamento y envió una embajada a saludar al Inca.

> Pizarro intuyó que contar con los incas para gobernar Perú sería más sencillo. Por eso mantuvo con vida a Atahualpa y finalmente, entregó el trono a Manco Capac

PIZARRO PRENDE AL INCA ATAHUALPA (1532)

Cuando Atahualpa llegó ante Pizarro, le dijo por medio de intérpretes que su imperio tenía sus dioses y que él era el dueño de aquella tierra por haberla ganado en guerra; luego tiró la Biblia que le habían presentado. Entonces los españoles le apresaron en medio de su ejército; muchos indios murieron y Atahualpa se salvó porque Pizarro, que adivinó su importancia como rehén, dijo: «Nadie toque al indio, so pena de vida».

MUERTE DE ATAHUALPA

Pizarro no se atrevió a seguir hasta Cuzco, capital del Imperio incaico. Atahualpa ofreció a Pizarro pagar un fabuloso rescate en oro y plata. Mientras esperaban el oro, llegó Almagro con 100 infantes y 50 jinetes. Cuando se supo que Atahualpa había ordenado matar a su hermano

CREACIÓN DEL VIRREINATO DE PERÚ

Carlos V nombró a Pizarro virrey del Perú y a Almagro adelantado mayor de Chile. Almagro se dirigió a la conquista de Chile. Al ver reducidos a los españoles, Manco consiguió escaparse, organizó una nueva sublevación de los indios y se puso al frente de ella. Unos 200.000 indios sitiaron Cuzco, donde solo había 200 españoles y 1.000 indios amigos, pero no pudieron tomarla. Manco se apoderó de Sacsahuamán, la fortaleza que domina Cuzco, y bloqueó la ciudad. Con un puñado de españoles, Hernando y Juan Pizarro se lanzaron al asalto de la fortaleza, escalaron el monte y la tomaron. Manco se retiró a los Andes. En la imagen, *Recreación idealizada del siglo XVIII del inca Atahualpa, de un autor desconocido. Óleo sobre lienzo, 60 x 55,2 cm. Museo de Brooklyn, Nueva York, EE. UU.*

Entre los incas, la disciplina era muy dura hasta para los jefes y la desobediencia a una orden se castigaban con la muerte, aunque las consecuencias hubieran sido favorables. Así se castigó al general Capac Yupanqui por haber conquistado intempestivamente una provincia en los confines del imperio. En la imagen, *Recreación idealizada de mediados del siglo XVIII del inca Capac Yupanqui, de un autor desconocido. Óleo sobre lienzo, 59,7 x 55,2 cm. Museo de Brooklyn, Nueva York, EE.UU.*

Huáscar y que preparaba una sublevación general de los indios, Almagro insistió en juzgarlo; el inca fue condenado a muerte y fue ahorcado en agosto de 1533. Entonces estalló la gran sublevación. Pizarro comprendió que sería más fácil gobernar en nombre de un inca, por lo que eligió a Toparca, hermano de Atahualpa; cuando Toparca fue asesinado por los indios, nombró a Manco Capac, otro hermano. En compañía de este, Pizarro entró en Cuzco, hizo coronar a Manco y luego, en 1535, fundó cerca de la costa la Ciudad de los Reyes (actual Lima).

EL EJÉRCITO INCA

El ejército de los incas era muy primitivo. No era permanente, sino que los guerreros servían por tiempo indeterminado, pero cuando la guerra se prolongaba, se establecía un turno de rotación de relevos. La población proveía regularmente de contingentes seleccionados. La disciplina y la instrucción eran rudas y severas. La leva de tropas se hacía por provincias, en proporción a la población de cada una. Las tropas de línea y las auxiliares se reclutaban entre los pueblos sometidos, encuadrados por su aristocracia, pero bajo mando superior de algún inca. Cada cuerpo de ejército constaba de 10.000 guerreros, divididos en dos divisiones de 5.000 hombres, compuestas de regimientos de 1.000 hombres, batallones de 500 y compañías de 100 hombres. La unidad elemental era el grupo de 10 guerreros de la misma familia o de la misma corporación. Los grandes jefes y la guardia del Inca se reclutaban entre sus parientes. Los jefes vestían de algodón y lana de vicuña; llevaban unos enormes cascos de madera rellenos de algodón y adornados con plumas, y unos pectorales, que eran de plata para los grandes jefes, menos el del Inca, que lo llevaba de oro. Los escudos eran de madera o de mimbre rellenos de algodón. Los incas usaban flechas y proyectiles de piedra. El arma esencial era la honda. Los arcos eran bastante pequeños, pero muy rígidos. También tenían mazos para herir en la cabeza. Llevaban «sables divinos», de madera dura con filo de cobre. También llevaban lanzas, jabalinas y hachas. Una red de caminos y puentes, bien mantenidos, servía de red de comunicaciones. Los puentes colgantes de cuerdas, con pisos de bejucos, soportaron el paso de los caballos y la artillería de los españoles. Los mensajes recorrían de 220 a 240 km al día. La red de fortalezas era muy completa y los emplazamientos estaban bien elegidos.

COMIENZO DE LAS GUERRAS CIVILES

Una noche de 1541 un grupo de almagristas atacó la casa de Francisco Pizarro por sorpresa y lograron matarle. Esto abrió el periodo de las llamadas guerras civiles de Perú. En ellas, casi siempre, «el vencido, vencido, y el vencedor, perdido». Tras la muerte de Francisco Pizarro, los almagristas proclamaron gobernador de Perú a Diego Almagro, hijo de Almagro y una india; hubo múltiples arrestos y ejecuciones. La Corte envió a Cristóbal Vaca de Castro, para saber qué pasaba y hacerse cargo del gobierno si Francisco Pizarro no estaba. Alonso de Alvarado, un oficial de Pizarro gobernador de Chachapoyas, se alzó «contra los de Chile» y «por el rey». Otros oficiales reconocieron a Vaca de Castro y le apoyaron. Los dos ejércitos se enfrentaron en la llamada «zona de las Chupas». Almagro el Mozo fue derrotado y ejecutado con sus partidarios.

MUERTE DEL VIRREY BLASCO NÚÑEZ DE LA VELA

Carlos V promulgó en Sevilla (diciembre de 1541) las nuevas Leyes de Indias y envió al primer virrey de Nueva Castilla (Perú), Blasco Núñez de la Vela, para aplicarlas. Esto disgustó a muchos encomenderos, entre ellos Gonzalo Pizarro y Vaca de Castro. El virrey intentó aplicarlas violentamente y envió a Vaca de Castro a España para ser juzgado. La Audiencia destituyó

La muerte de Pizarro, de Ramón Muñiz. 1885. Óleo sobre lienzo. Museo de Arte de Lima, Perú. En la escena, se advierte la cruz hecha por Pizarro con su propia sangre para poderla besar antes de morir.

al virrey, que se retiró hacia Quito. Gonzalo Pizarro reunió un ejército, nombró maestre de campo a Francisco Carbajal, un veterano de casi 80 años, entró en Cuzco y el cabildo le nombró procurador de Cuzco y del Reino del Perú. Entró en Lima al frente de su ejército, y la Audiencia le nombró gobernador de Lima y del Perú. El virrey Núñez de la Vela reunió algunas tropas y se enfrentó a Gonzalo Pizarro cerca de Quito. Pizarro lo derrotó y el virrey murió en la batalla, degollado por Carbajal. Gonzalo Pizarro lo hizo enterrar y guardó luto oficial.

MUERTE DE GONZALO PIZARRO Y FRANCISCO CARBAJAL (1548)

Carlos V nombró a Pedro de La Gasca, un sacerdote del Tribunal de la Inquisición, virrey del Perú. La Gasca, nada más llegar a Panamá, consiguió que le obedecieran el almirante de la flota y Pedro de Hinojosa, el general pizarrista que mandaba la guarnición. Mientras, Gonzalo Pizarro se enfrentó a varias rebeliones, la principal de las cuales fue la de Diego Centeno, que tenía casi el doble de tropas que Pizarro, pero este contaba con 200 arcabuceros adiestrados por Carbajal. La primera descarga mató a 150 sol-

dados de Centeno y la segunda, a otros tantos; sus tropas se desbandaron y Pizarro quedó triunfador. La Gasca reclutó un gran ejército de más de 2.000 españoles y consiguió que mucha gente de Pizarro le apoyase. Cuando por fin se enfrentaron en el valle de Sacsahuana, el ejército realista, dirigido por Pedro de Valdivia y Alonso Alvarado, ocupó las mejores posiciones y esperó durante dos días, mientras los soldados de Pizarro desertaban. Entonces Pizarro y Carbajal se entregaron y fueron condenados a muerte. La Gasca ocupó el cargo de virrey durante tres años y dimitió. Le sustituyó Antonio de Mendoza y Pacheco, que era virrey de Nueva España (México).

LA CONQUISTA DE CHILE
PRIMERA EXPEDICIÓN DE PEDRO DE VALDIVIA (1540)

En 1540, Pedro de Valdivia recibió de Francisco Pizarro (del que había sido el maestre de campo) el título de teniente gobernador de Chile. Partió de Cuzco con 150 soldados españoles y unos 1.200 indios yanaconas para conquistar el territorio que Almagro había abandonado.

Siguió «el camino del Inca» (la ruta de la costa) para ir por otra ruta distinta de la de Almagro. Cruzaron el desierto de Atacama y casi murieron de sed; pero Inés Suárez, que le acompañaba, tuvo la inspiración de hacer cavar en un punto, donde empezó a manar el agua. El lugar se llama desde entonces Aguada de Doña Inés.

FUNDACIÓN DE SANTIAGO DE CHILE (1541)

En los viajes y la conquista, Valdivia fue un ejemplo de valor, sobriedad y constancia, y exigió a sus hombres la más estricta disciplina. En febrero de 1541 fundó Santiago de Chile. Apenas instalados, se enteró del asesinato de Francisco Pizarro, pero el cabildo organizado por sus compañeros conquistadores le otorgó el título de gobernador y capitán general del Reino de Chile. Creó el puerto de Valparaíso, cerca de Santiago. Sofocó diversos alzamientos indígenas, en uno de los cuales, mientras Valdivia con 80 españoles combatía en un valle lejano, 8.000 indios sitiaron a los 50 españoles y 500 yanaconas que habían quedado en Santiago. Valdivia volvió a Santiago, pero solo les salvó su disciplina y energía. Los indios prendieron fuego a la ciudad y los alimentos de reserva; solo les quedó un puñado de trigo, que sembraron y cosecharon por tres veces sin consumirlo. Los españoles y yanaconas vivieron casi un año de raíces, alimañas y pájaros, esperando a que los tres cerdos que quedaron tuviesen crías. De día araban y sembraban armados, y de noche la mitad hacía guardia en la ciudad y las siembras, pues los indios pensaban matarlos de hambre.

Enviaron a Alonso de Monroy con otros cinco soldados a pedir socorro a Perú. Y para que allá viesen la espléndida prosperidad de Chile y se animaran a venir, el astuto Valdivia ideó una singular argucia: hizo fundir todo el oro que pudo reunir y fabricó para los viajeros vasos, estribos, y empuñaduras y guarniciones de las espadas. En Perú todos creyeron que el oro era aún más abundante en Chile y se presentaron voluntarios.

ASENTAMIENTO DE LA CIUDAD DE SANTIAGO

Ya repuesta la colonia, Valdivia siguió con su plan de conquista. Fomentó el retorno de los indios a sus cultivos y logró temporalmente la paz con sus enemigos, estableciéndose el comercio entre los indios y españoles. En 1548 Valdivia regresó al Virreinato del Perú para ayudar a Pedro de La Gasca frente a Gonzalo Pizarro, y La Gasca le confirmó el título de gobernador. De regreso a Chile fundó la ciudad de La Serena y decidió emprender la conquista de los territorios del sur, pero necesitaba más gente y la confirmación de su título de gobernador por Carlos V. Para conseguir su título envió a España a un emisario con una carta en la que le decía a Carlos V que el invierno era tan suave y con tan buen sol que no había necesidad de arrimarse al fuego más que los dos o tres días al año que llovía.

INICIO DE LA CONQUISTA DEL SUR DE CHILE

Al iniciar la expansión hacia el sur, se inició la llamada guerra de Arauco contra los indios mapuche. Valdivia fundó la ciudad de Concepción y continuó combatiendo y colonizando hacia el sur, donde fundó la ciudad de Valdivia. En estas campañas se fugó su paje indio Lautaro. En 1553 hubo un nuevo levantamiento indio dirigido por Caupolicán. Los indios, instruidos por Lautaro, atacaban de modo organizado como los españoles y, cuando les atacaba la caballería, derribaban a los jinetes con lazos. En diciembre de 1553 interceptaron un correo de Valdivia, que se dirigía a Tucapel. Así atacaron a Valdivia, que iba con 50 hombres. Valdivia preguntó: «Caballeros, ¿qué hacemos?». El capitán Altamirano le respondió: «¡Qué quiere, vuestra señoría, que hagamos sino que peleemos y muramos!». A Valdivia le derribaron del caballo, le cogieron vivo y le mataron después de tres días de atroces torturas.

LA CONQUISTA DE COLOMBIA

Gonzalo Jiménez de Quesada era soldado veterano cuando viajó a América en 1535 con la expedición de Pedro Fernández de Lugo, nombrado gobernador de Santa Marta.

En 1536, Quesada organizó una expedición hacia el interior del territorio con 670 hombres por tierra y otro grupo en barco remontando el río Magdalena. Cruzó cordilleras y llegó a la actual provincia de Santander en Colombia con solo 166 hombres. En la sabana de Bogotá vencieron a los chibchas y Quesada fundó la ciudad de Santa Fe de Bogotá. Quesada, con solo seis soldados, apresó al rey chibcha de Tunja. Jiménez de Quesada llamó a las tierras conquistadas Nuevo Reino de Granada, en honor a su ciudad natal.

Fundación de Santiago de Chile, *de Pedro Francisco de Lira Rencoret. 1888. Óleo sobre tela, 500 x 250 cm. Museo Histórico Nacional de Santiago de Chile, Chile.*

Quesada y sus hombres gobernaron la región hasta la llegada en 1539 de Sebastián de Belalcázar, que venía desde Ecuador, y Nicolás de Federman, que venía desde Venezuela. Desde Cartagena de Indias volvieron a España, donde Quesada solicitó ser gobernador, pero no obtuvo éxito; la gobernación de Popayán se otorgó a Belalcázar y Quesada recibió en 1549 el título honorífico de gobernador de El Dorado.

LOS GRANDES RÍOS (1512-1550)

Alvar Núñez Cabeza de Vaca, con otros tres compañeros (Alonso del Castillo, Andrés Dorantes y el negro Estebanico), supervivientes del naufragio de la expedición de Pánfilo de Narváez a la Florida, caminaron durante tres años (de 1529 a 1532) por la costa de Estados Unidos, desde las bocas del Misisipí hasta México. Luego, como gobernador de Buenos Aires, remontó el río Paraná hasta más arriba de las cataratas de Iguazú.

Hernando de Soto, veterano de la conquista del Perú, salió de Florida en 1538, cruzó y exploró los montes Apalaches, llegó al río Arkansas, remontó el Misisipí y murió en un afluente. Sus soldados le sepultaron en un ataúd con piedras que hundieron en el río para que los indios, que le creían inmortal por sus hazañas, no vieran su cadáver.

En 1540 Francisco Vázquez de Coronado, gobernador de Nueva Galicia (la actual Guadalajara, en México), organizó una expedición, con 340 españoles y 800 indios, para descubrir las míticas «siete ciudades de Cíbola y Quivira». Invernó en Nuevo México, cerca de Santa Fe, y en 1541, con solo 30 hombres, llegó hasta Kansas. Exploró el territorio de Nuevo México, Texas, Oklahoma y Kansas, pacificando a los nativos; tomó contacto con las tribus Pueblo, Apache, Wichita, Cheyenne, Kiowa, Osage y Navajo, y descubrió los ríos Grande del Norte, Arkansas y Nueces.

Uno de sus oficiales, García López de Cárdenas, descubrió el Gran Cañón del Colorado, mientras que Fernando de Alarcón exploró el golfo de California y encontró la desembocadura del Colorado; remontó su curso hasta el río Gila. También vieron los primeros bisontes, que llamaron «vacas».

En 1542 Francisco de Orellana, con 56 soldados y un barco construido en medio de la selva, descendió por el Amazonas durante siete meses, desde Ecuador hasta las bocas en la costa brasileña del Atlántico, recorriendo más de 6.000 km, sin contar el viaje posterior por el océano con un barco de fortuna, sin brújula y sin cartas náuticas, toda una hazaña fluvial en su época.

Comentario de los historiadores. Se ha dicho que «si la conquista de América no estuviera tan comprobada, la creeríamos mitológica», aludiendo con esta frase a las demostraciones de heroísmo, audacia y temeridad que llevaron a cabo los conquistadores. Además, muchas expediciones fueron organizadas por hombres que ya gozaban de bienestar sin necesidad de acometer nuevas empresas y que solo pensaban en obtener aún más fama y gloria. En la imagen, *Hernando de Soto, Descubrimiento del Misisipí*, de Willian Henry Powell. 1853.

EL EJÉRCITO Y LAS CAMPAÑAS DE FELIPE II

La infantería: arcabuceros, mosqueteros y piqueros

Por la Ordenanza de 1560, cada Tercio de infantería se quedó con 10 compañías: dos de arcabuceros y ocho de coseletes armados con picas; y cada compañía contaba con 300 plazas, más los oficiales. A lo largo del siglo XVI los arcabuces fueron cada vez más ligeros, potentes y fáciles de apuntar. Los mosquetes empezaron como complemento del arcabuz de rueda y chispa (en Flandes había de 15 a 20 mosqueteros por cada 100 arcabuceros); luego el mosquete se aligeró y sustituyó por completo al arcabuz. El coselete de los piqueros constaba de peto y espaldar, escarcela, brazaletes y celada; normalmente en la cabeza llevaban un casco de hierro. Las picas podían ser luengas y ligeras; las luengas tenían 26 palmos de vara de longitud. Los piqueros dejaron poco a poco de llevar armadura; los que no la llevaban se llamaban picas secas.

En 1591 se redujo la infantería a 19.000 hombres, agrupados en 69 compañías de piqueros (con 30 coseletes en cada una) y un Tercio de 1.500 arcabuceros. Las compañías de piqueros se agrupaban en tropas de 11 a 14 compañías.

Guerra en Italia

La nueva guerra en Italia fue una herencia de la rivalidad con Francia. Enrique II firmó la Paz de Vaucelles con España, pero pactó una alianza con el papa Paulo IV para apoderarse del Reino de Nápoles. Con el pretexto de ayudar al Papa, envió un ejército mandado por el duque de Guisa, lo cual llevó a una nueva invasión de los Estados Pontificios por el ejército español, bajo el mando de Fernando Álvarez de Toledo, duque de Alba, que ocupó Ostia, amenazando Roma, mientras Guisa sitiaba Civitella. Alba entretuvo con sus maniobras a Guisa, hasta que este regresó con su ejército a Francia después de la derrota francesa en San Quintín. Entonces el duque de Alba entró en Roma con sus tropas y el Papa se retiró de la coalición antiespañola.

Felipe II, con la armadura de San Quintín. *Anónimo. Primera mitad del siglo XVII. Óleo sobre lienzo, 207 x 123 cm. Sala de Retratos de los Reyes de la Casa de Austria y Borbón, Real Museo, Colección Real (Casa del Nuevo Rezado), Madrid, España.*

ERDINAND DVC D ALVA,

Aunque era un veterano de la batalla de Mühlberg, donde había cruzado el río Elba, el duque de Alba nunca entraba en batalla si podía derrotar al enemigo con sus maniobras. Cuando sus subordinados le apremiaban para que atacase al duque de Guisa, que se retiraba de Roma, les dijo: «Un gran capitán nunca aventurará una acción considerable si no está seguro de obtener grandes ventajas, o no se ve precisado a ello… No nos inquiete pues la idea de vencer a Guisa, ya huye ante nosotros… No quiero jugar un reino contra una casaca recamada de oro, que es todo lo que Guisa puede perder». En la imagen, Retrato de Don Fernando Álvarez de Toledo, III duque de Alba, de Tiziano. Óleo sobre lienzo, 100 x 80 cm. Palacio de Liria, Madrid, España.

Ilustración que muestra el asedio de San Quintín. Fresco. Sala de Batallas, El Escorial, Madrid, España.

GUERRA DIRECTA CON FRANCIA

En respuesta al ataque sobre Nápoles, un ejército español de 32.000 infantes y 17.000 jinetes mandado por Manuel Filiberto, duque de Saboya, con el príncipe Guillermo de Orange como segundo y el conde Lamoral de Egmont dirigiendo la caballería, invadió Francia desde Flandes; mientras avanzaba, recibió el refuerzo de 8.000 ingleses, enviados por María Tudor y mandados por lord Pembroke. Manuel Filiberto maniobró para sitiar San Quintín en la ruta hacia París. El ejército francés, mandado por el condestable Montmorency, con el príncipe de Condé y el duque de Nevers, intentó socorrer la plaza.

Cuando estos intentaron sorprender a los españoles cruzando por un vado, los arcabuceros del maestre de campo Julián Romero los diezmaron y se tuvieron que retirar. Entonces Saboya cruzó el río Somme por el puente de Rouvray, les envolvió y les puso en fuga. Luego atacó al grueso del enemigo, que intentó retirarse; la caballería de Saboya y Egmont atacó por el flanco a la infantería francesa en retirada, que formó algunos cuadros desordenados. Con unas 1.000 bajas de las tropas de Felipe II, los franceses tuvieron 4.000 muertos y 6.000 prisioneros, y perdieron 80 banderas y casi toda su artillería. Unos 12 días más tarde cayó San Quintín (1557). Pero no se avanzó hacia París porque Enrique II llevó un nuevo ejército con las tropas de Italia.

LA TOMA DE CALAIS

Como Gran Bretaña ayudaba a España, los franceses del duque de Guisa atacaron y tomaron Calais (que era inglesa desde la Guerra de los Cien Años) y el mariscal de Thermes tomó Thionville y Dunkerque. Pero el conde de Egmont, gobernador

---

LA CABALLERÍA: ARCABUCEROS A CABALLO, HERRERUELOS Y CABALLOS LIGEROS

Cuando las armas de fuego se aligeraron, la caballería empezó a emplearlas como si fuera una infantería montada. Los hombres de armas, que necesitaban caballos muy fuertes para soportar su propia armadura y la de su jinete, desaparecieron. Los arcabuceros tenían que echar pie a tierra para recargar, por eso se crearon los herreruelos, que no llevaban armadura y tenían dos pistolas, que disparaban de cerca, y una espada con la que se lanzaban sobre los contrarios. Los llamados caballos ligeros llevaban una pistola y a veces realizaban la caracola: descargaban sus pistolas por filas y volvían atrás para recargarlas antes de cargar con la espada o lanza.

María Tudor, reina de Inglaterra, segunda esposa de Felipe II, *de Antonio Moro. 1554. Óleo sobre tabla, 109 x 84 cm. Colección Real del Museo del Prado, Madrid, España.*

Isabel de Valois sosteniendo un retrato de Felipe II, *atribuido a Sofonisba Anguissola. 1561- 1565. Óleo sobre lienzo, 206 x 123 cm. Colección Real del Museo del Prado, Madrid, España.*

de Flandes al mando del ejército español, acorraló a Thermes cerca de Gravelinas y le obligó a presentar batalla. Las cargas de caballería contra el centro francés y el ataque de los arcabuceros españoles contra el ala izquierda francesa desorganizaron al ejército galo cuando llegó la escuadra de Guipúzcoa, que cañoneó la retaguardia francesa. Thermes tuvo 3.500 muertos y 7.000 prisioneros y solo 1.500 franceses escaparon; los españoles tuvieron 1.500 muertos. Los franceses tuvieron que pedir la paz, que se firmó en Cateau-Cambresis en 1559. Felipe II estaba arruinado y no podía seguir la guerra. Francia retuvo Metz, Toul y Verdún, y se creó un fuerte Ducado de Saboya, tapón entre Francia y el Milanesado.

LOS PAÍSES BAJOS, UN CONFLICTO INACABABLE
EL COMPROMISO DE BREDA (1556)

Felipe II, viudo de María Tudor, se casó con Isabel de Valois, la hija de Enrique II de Francia, esperando consolidar la paz, y se marchó a España. Pero antes tenía que nombrar un gobernador de los Países Bajos. Como no se fiaba de Guillermo de Orange, nombró a Margarita de Parma (hija natural de Carlos V y de Jeanne Van der Geenst o Gheynst), que estuvo casada con Octavio Farnesio, duque de Parma, y era la madre de Alejandro Farnesio. Para asesorarla se nombró un Consejo de Estado y el Consejo Privado, con Carlos (conde de Berlaymont), el gran jurista Viglio, y el cardenal Antoine Perrenot de Granvelle, más conocido como cardenal Granvela. El 5 de abril de 1566 un total de 200 representantes de la nobleza de los Países Bajos, encabezados por Guillermo de Orange, Luis de Nassau y Enrique de Brederode, presentaron a Margarita de Parma el Compromiso de Breda, en el que pedían la abolición de la Inquisición y la libertad de culto religioso, pero sin discutir la autoridad del rey de España. Ella recomendó a Felipe II que se atendieran estas peticiones, pero el monarca consideró que no debía ceder para evitar las guerras de religión como en Francia.

Primeras operaciones del príncipe Guillermo de Orange contra Felipe II (1569)

El príncipe de Orange organizó un ejército, que fue derrotado en las batallas iniciales, pero en Dam venció al conde de Aremberg, que mandaba las tropas reales. Finalmente, en Reyden el duque de Alba le destrozó y Orange huyó a Alemania. Allí levantó un nuevo ejército e intentó tomar algunas plazas, como Lieja, pero Alba maniobró mejor, defendió los puntos principales y agotó a Orange, que huyó a Francia abandonando su artillería y medio ejército. Por el momento, en 1569 los Países Bajos estaban en paz.

Esta paz no duró mucho y en 1572 Guillermo de Orange, con el apoyo de tropas inglesas enviadas por Isabel I, sitió Goes (o Tergoes), en la isla de Zuid-Beveland, y Middelburg, en la isla de Walcheren, defendidas por guarniciones muy escasas. Para socorrer a Goes, en octubre de 1572 Cristóbal de Mondragón, con 3.000 piqueros españoles, valones y alemanes, cada uno llevando en la pica un saco con pólvora, vadeó durante una noche la desembocadura del río Escalda, un trayecto de casi 15 km con el agua a la altura del pecho, sabiendo que si la marea subía antes de acabar de cruzar, todos se ahogarían; solo perdieron nueve hombres. Al llegar a Zuid-Beveland atacaron a los anglo-holandeses y les hicieron reembarcarse con más de 800 bajas. Así aliviaron también la presión sobre Middelburg, que resistió hasta febrero de 1574.

La guerra se alarga, el sitio de Haarlem

Para pagar los gastos de la guerra, el duque de Alba tuvo que crear nuevos impuestos en los Países Bajos (como la décima sobre las compraventas), que crearon más descontento. Los estados del norte y este (Zelanda, Holanda, Güeldres, Overijssel, Utrecht, Frisia y Groninga) se llenaron de partidarios de Guillermo, que le nombraron *stathouder* (gobernador general). Ludovico de Orange avanzó desde Francia y tomó Mons, pero Alba reaccionó y la recu-

El príncipe de Orange. Guillermo de Orange-Nassau el Taciturno era un buen general y un magnífico político. Fue un buen general de Carlos V y Felipe II, que le nombró *stathouder* (estatúder) de las provincias de Holanda, Zelanda, Utrecht y Borgoña, pero como protestante se opuso a España, conspiró con su cuñado Lamoral, conde de Egmont, y luego huyó. Su labor política fue fundamental para unificar la secesión y dar a los rebeldes un carácter nacional unido. Cuando fue asesinado, le sucedió su hijo Mauricio de Nassau como príncipe de Orange y como estatúder de los Países Bajos. En la imagen, *Retrato de Guillermo I, el Taciturno, príncipe de Orange,* de Key Adriaen Thomasz. Óleo sobre tabla, 48 x 35 cm. Rijksmuseum, Ámsterdam, Holanda.

Batalla de Haarlem, *de Hendrick Cornelisz Vroom. 1621.*
Rijksmuseum, Ámsterdam, Países Bajos.

peró meses después. Los partidarios de Orange
ocuparon Haarlem y el duque tuvo que enviar
a su hijo Fadrique Álvarez de Toledo a sitiarla.

El sitio duró siete meses, pero finalmente los habitantes de Haarlem se rebelaron contra los soldados de Orange y la plaza cayó el 12 de julio de 1573, tras la batalla librada en el lago de Haarlemmermeer, tratando de romper el asedio a Haarlem.

Retrato del militar y político español Luis de Requeséns y Zúñiga, *de Francisco Jover y Casanova. 1884. Óleo sobre lienzo, 85 x 68 cm. Museo del Prado, Madrid, España.*

GOBIERNO DEL DUQUE DE ALBA

Felipe II envió al duque de Alba a reprimir la sedición de los nobles que apoyaban a los protestantes, aunque algunos fueran católicos, como los condes de Egmont y de Horn. El duque reunió un ejército en Italia, lo llevó a Flandes por vía terrestre y recogió refuerzos de Alemania. Una vez que Alba llegó a Bruselas, Margarita de Parma envió su dimisión a Felipe II; así Alba tenía el mando político y el militar. Reforzó las fortalezas e instituyó el Tribunal de los Tumultos, que encarceló a muchos nobles y condenó a muerte a los condes de Egmont y de Horn en 1567, pese a su magnífico historial guerrero.

MOTINES DE LOS TERCIOS DEBIDOS A LOS ATRASOS EN SUS PAGAS

Felipe II no pudo atender adecuadamente a los gastos extraordinarios derivados de la guerra. Poco después de la toma de Haarlem, comenzaron los motines cíclicos de las tropas, a las que se debían varios meses de sueldo: 30 meses a los Tercios españoles, 10 meses a las tropas alemanas y valonas, y siete meses a las enroladas en Holanda; los españoles escribieron una petición al duque de Alba. El duque intentó calmarles con una nota en la que les llamaba «Magníficos señores, hijos», decía que entendía el «movimiento» entre «algunos soldados de mi nación», y prometía 30 escudos a cada soldado y 16 más de la indemnización que había pagado la ciudad de Haarlem. Cuando recibió 400.000 escudos que Felipe II le envió en letras de cambio, pudo pagar solo cuatro meses de atrasos. Las tropas siguieron batiéndose con su brío y valor acostumbrados, pero esta situación se repitió.

GOBIERNO DE LUIS DE REQUESÉNS (1573-1576)

En cuanto Haarlem cayó, el duque de Alba presentó la dimisión; Felipe II nombró a Luis de Requeséns, más político que hombre de armas. Durante su mando aumentó la rebeldía, cada día más política que religiosa, pues a Orange se le unieron católicos y protestantes, valones y flamencos. Los rebeldes tomaron Middelburg, pero fueron derrotados en Moockerleyde, donde 6.000 españoles y valones derrotaron a 8.000 franceses y tudescos provocándoles 5.000 bajas con solo 120 bajas propias (batalla de Moock). Los españoles, amotinados por falta de pagas poco antes del combate, volvieron a amotinarse después de la victoria y saquearon Amberes, imponiéndole una contribución de 400.000 florines.

Guillermo de Orange abrió los diques e inundó el delta del Escalda. Para conquistar la isla de Schouwer, que cerraba la entrada a Amberes por el río, desde medianoche al amanecer 4.000 españoles, mandados por Juan Osorio de Ulloa,

Sancho Dávila y Cristóbal de Mondragón, vadearon 7 km con la ropa, las picas y los arcabuces sobre los hombros; ya en la isla, tomaron Bommensee, aunque Zierickee resistió.

MUERTE DE REQUESÉNS

Requeséns murió de enfermedad en el año 1576 y sus sucesores solo lograron que las tropas se volvieran a amotinar. Una compañía de arcabuceros a caballo amotinados en Alost se dirigió a Amberes, donde Sancho Dávila se encontraba defendiendo el castillo frente a los orangistas. Hicieron una salida (a uno contra 20), derrotaron a la guarnición protestante y después (el 4 de noviembre) volvieron a pasar a saco la ciudad, esta vez de la manera más horrorosa: incendiaron, saquearon y mataron. Cuatro días después (8 de noviembre de 1576) se firmó la Pacificación de Gante, una propuesta de pacto presentado por los Estados Generales (parlamento) de los Países Bajos para librar a las 17 provincias de las tropas españolas.

GOBIERNO DE DON JUAN DE AUSTRIA (1577-1578)

Se nombró gobernador de los Países Bajos a Don Juan de Austria. Procuró atraerse a los rebeldes con amabilidad y el 5 de enero de 1577 aceptó la Pacificación de Gante mediante el Edicto Perpetuo. Los rebeldes atribuyeron su amabilidad a su cobardía, le entretuvieron con promesas de sumisión y se fortificaron. Don Juan de Austria despidió a las tropas españolas y se quedó solo con dos regimientos alemanes, entregando las fortalezas al incipiente ejército flamenco mandado por Felipe de Cröy, duque de Aershot. Cuando don Juan descubrió su falsedad, pasó a Namur, reunió un ejército flamenco e hizo volver

Abajo, Batalla de Gembloux, *de Frans Hogenberg. Siglo XVI. Rijksmuseum, Ámsterdam, Países Bajos.*

Retrato de Alejandro Farnesio, *de Antoon Claeissens c 1590. Óleo sobre lienzo, 44,5 × 35,5 cm. Museo Nacional de Varsovia, Polonia.*

de Italia a los Tercios, mandados por Alejandro Farnesio, hijo de Margarita de Parma, la antigua gobernadora. Con estas tropas, don Juan logró dominar las provincias valonas y algunas flamencas, atacó a los rebeldes y los venció en Gembloux (enero de 1578). Recobró varias ciudades y plazas que se habían hecho independientes, como Lovaina, Sichem, Tirlemont, Jodoigne, Soignies y Maubeuge. En cambio, Ámsterdam, españolista, cayó en manos de Guillermo de Orange. Don Juan de Austria tomó Filippeville y Limburgo, pero enfermó y murió en Bouges. Antes de morir entregó el mando a Alejandro Farnesio, que siguió sus líneas maestras.

La Unión de Utrecht (1579)

En 1579 cinco provincias de los Países Bajos negaron la obediencia a Felipe II y se erigieron en república independiente; a los cinco meses se agregaron otras dos provincias más, formando la república de las Siete Provincias unidas: Holanda, Zelanda, Utrecht, Güeldres, Groninga, Frisia y Overijssel. Nombraron como presidente a Guillermo de Orange. Esta unión se llamó Unión de Utrecht. Ya en abril de 1578 Don Juan de Austria había escrito a Felipe II que «convenía amputar de los Países Bajos la parte podrida» (Holanda y Zelanda). Farnesio estaba de acuerdo y sus operaciones militares se limitaron a defender lo que hoy es Bélgica, aproximadamente; es decir, Brabante, Flandes, Namur, Lieja, Hainaut y Limburgo. A imitación de la Unión de Utrecht, se creó la Liga o Unión de Arrás, que formaron inicialmente Artois, Douay y Hainaut.

Gobierno de Alejandro Farnesio (1579-1587)

Alejandro Farnesio, duque de Parma, derrotó continuamente a los rebeldes gracias a sus dotes como general y a la continua instrucción a que sometió a sus fuerzas. Logró convertir en un verdadero ejército a los voluntarios de las tropas valonas creadas a raíz de la Pacificación de Gante y las unió a las españolas que regresaron. Luego sitió Maastricht, que constituía un trampolín para la recuperación de Amberes. El sitio duró cuatro meses; pero cuando la guarnición aceptó la capitulación que se les ofrecía, la población civil se negó.

Finalmente los sitiadores atacaron y tomaron la plaza. Entonces Farnesio se dirigió a Amberes. Había creado un buen tren de sitio y sus zapadores-pontoneros hicieron maravillas. El duque de Anjou (futuro Francisco II de Francia) llegó con tropas francesas y británicas, y los rebeldes le juraron en Amberes como conde de Flandes y duque de Brabante, aunque después los mismos ciudadanos le expulsaron. Mientras, Farnesio tomó Oudenaarde, Ninove, Tournai, Dunkerque y Nieuport, y luego Yprés y Gante; después se dirigió a Amberes. Luego también cayeron Bruselas y Brujas.

CONSTRUCCIÓN DEL PUENTE, ESTACADA DE AMBERES Y RENDICIÓN DE LA CIUDAD (1585)

Los rebeldes inundaron las dos orillas del Escalda. Farnesio, con su ingeniero Serbelloni, construyó un larguísimo puente sobre 34 pontones, que cortaba el Escalda y separaba a Amberes de la mar. Este puente, asombro de los ingenieros militares de su época, impidió el paso a la flota enemiga con sus baterías y los dos fuertes de sus extremos; el italiano Gianibelli, desde la plaza, se ofreció a hacer volar el puente con brulotes y naves explosivas, pero fracasó. Varias flotas intentaron cruzar el puente y el 26 de mayo consiguieron abrir varias brechas; pero los españoles reaccionaron. Finalmente, después de más de nueve meses de sitio, Amberes se rindió, pese a que su gobernador, había dicho: «El Escalda no sufrirá jamás grillos españoles».

INTERVENCIÓN BRITÁNICA Y FRACASO DEL CONDE DE LEICESTER, FAVORITO DE LA REINA ISABEL I

Después de esto, la reina Isabel I de Inglaterra envió a Robert Dudley, conde de Leicester, con un ejército que intentó tomar Zuften, pero Farnesio logró reabastecer la plaza y Leicester regresó a territorio inglés. Entonces Farnesio llevó a su ejército contra el puerto de Sluys (La Esclusa), que tomó en agosto de 1587, con lo que acabó esta fase.

MAURICIO DE NASSAU Y SUS REFORMAS DEL EJÉRCITO HOLANDÉS

En 1584 Mauricio de Nassau tomó el mando de los rebeldes tras la muerte de su padre, Guillermo de Nassau. Para poder luchar con los tercios sin tanta desventaja de calidad de las tropas, reformó su ejército y creó unidades más pequeñas y manejables, que fueran menos vulnerables a la artillería, impuso una mayor disciplina e hizo que los soldados estuviesen bien pagados y con regularidad, reorganizó la artillería y estableció la leva forzosa. Además, empleó a sus soldados como zapadores para fortificar sus posiciones. A fines del siglo XVI su ejército contaba con unos 20.000 infantes y 2.000 jinetes, apoyados por la escuadra. Su lema fue: «Pocos hombres y muy escogidos, muy bien pagados y bien alimentados».

ISABEL CLARA EUGENIA Y EL ARCHIDUQUE ALBERTO, PRÍNCIPES SOBERANOS (1598)

Felipe II comprendió que lla única solución era entregar los Países Bajos españoles a su hija Isabel Clara Eugenia, casada con el archiduque Alberto, que recibieron el título de Príncipes Soberanos de los Países Bajos. Así se consiguió la pacificación de estas provincias, hasta que muertos ambos sin sucesión, los Países Bajos volvieron a España.

La Inmaculada comenzó a ser la patrona de la infantería española. Una vez tomada Amberes, Farnesio envió parte de su ejército al norte para ayudar a las poblaciones católicas acosadas por los protestantes. Los Tercios de Juan del Águila y Francisco Arias de Bobadilla acamparon en la isla de Bommel. Los holandeses rompieron los diques e inundaron la isla. Los españoles se refugiaron en una isleta e impidieron a la flota rebelde acercarse. La noche del 7 al 8 de diciembre, cavando una trinchera, un soldado encontró una tabla con la imagen de la Inmaculada Concepción (cuya fiesta es el 8 de diciembre). Esa misma noche, Bobadilla asaltó los fuertes holandeses con las pocas barcas que había conseguido. La temperatura bajó bruscamente, las aguas de los ríos comenzaron a helarse y la flota holandesa se retiró; los españoles atacaron y tomaron los fuertes. Los rebeldes gritaban: «¡Dios se ha hecho español!».

CERVANTES Y LEPANTO

Miguel de Cervantes fue un soldado distinguido en la batalla de Lepanto. Como soldado voluntario del Tercio de Lope de Figueroa, en la compañía de Diego de Urbina embarcada en la galera Marquesa, también estuvo en Lepanto Miguel de Cervantes, que combatió a pesar de las fiebres que tenía y quedó inútil del brazo izquierdo, aunque no perdió la mano. Durante toda su vida se mostró orgulloso de su participación «en la más alta ocasión que vieron los siglos», como él decía.

EL ENFRENTAMIENTO CON LOS TURCOS EN EL MEDITERRÁNEO
VICTORIA DE LEPANTO (1571)

Selím II, hijo de Solimán el Magnífico, se apoderó de la isla de Chipre, perteneciente a Venecia. Entonces se formó una liga con el papa Pío V, España, Venecia y la Orden de Malta. Se organizó una escuadra de más de 300 naves, con 80.000 marineros y soldados, mandada por Juan de Austria, asesorado por Álvaro de Bazán, marqués de

Santa Cruz, y Andrea Doria; Sebastián Veniero mandaba a los venecianos y Marco Antonio Colonna a las naves pontificias. La escuadra turca, con 297 barcos y 120.000 marineros y soldados, estaba mandada por Alí Bajá, con Uluch Alí, virrey de Argel, al mando del ala izquierda. El combate duró más de tres horas y estuvo dudoso hasta el final. La victoria cristiana fue total, apresando 190 naves turcas y hundiendo 15; pero una vez pasado el peligro se disolvió la Liga, y Venecia y Francia pactaron con el sultán.

PARA LOS TURCOS LEPANTO NO FUE UNA DERROTA DECISIVA

Cuando Uluch Alí llegó a Estambul con los restos de la escuadra turca, fue nombrado jefe de la misma para continuar sus correrías por el Mediterráneo y el gran visir Sokolli dijo: «Cuando conquistamos un reino a los cristianos, les arrancamos un miembro y este no sale; cuando nosotros perdemos una escuadra, es como si nos afeitaran la barba, que retoña con más fuerza». Al final del año había otra vez más de 200 naves de guerra turcas.

La batalla de Lepanto, *de un pintor anónimo. 1571. Óleo sobre lienzo, 127 x 232,4 cm. Museo Marítimo Nacional de Greenwich, Londres, Reino Unido.*

LA UNIÓN CON PORTUGAL

El rey Sebastián de Portugal murió y desapareció en la batalla de Alcazarquivir (1578); su sucesor fue su tío el infante Enrique, hijo de Manuel el Afortunado. A su muerte, Felipe II era el heredero de esta corona como descendiente de la hija mayor de D. Manuel. Para defender sus derechos, comisionó a Cristóbal de Moura, que consiguió que gran parte de la nobleza aceptase a Felipe II, pero el resto de la nobleza y la mayoría del pueblo portugués prefirieron como rey a D. Antonio, prior de Crato, nieto bastardo de Manuel el Afortunado. Felipe II envió un ejército mandado por el duque de Alba que derrotó a los portugueses en Alcántara, entró en Lisboa y convocó las Cortes de Thomar (1581), que proclamaron a Felipe II rey de Portugal.

EL PROBLEMA INGLÉS: LA ARMADA INVENCIBLE

Isabel I de Inglaterra apoyaba al prior de Crato, socorría a los protestantes de los Países Bajos y alentaba a los corsarios ingleses que atacaban a los buques e islas españolas del Caribe. Sin embargo, por temor a una declaración de guerra, Isabel I cesó el apoyo a los holandeses, pero no la piratería, que continuaba siendo un gran peligro para la flota española. Para reducir sus efectos, se empezó a instaurar el sistema de convoyes ideado por Pedro Menéndez de Avilés, escoltando los barcos de transporte por galeones de guerra, con 12 cañones de grueso calibre y 24 de menor calibre. Con este sistema se consiguió que la mayor parte de los ataques de los piratas fracasaran.

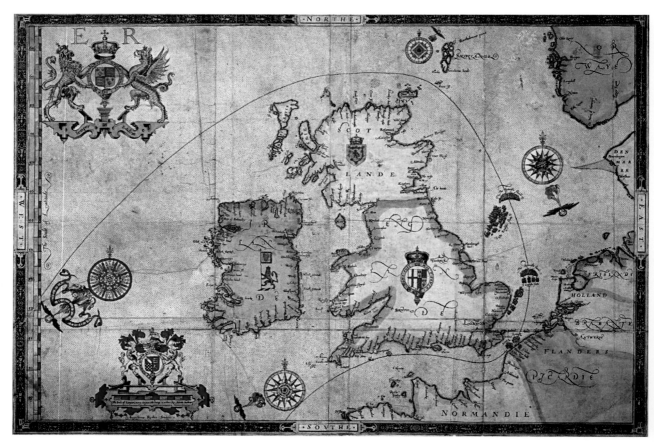

Mapa con el recorrido de la Armada Invencible, grabado de Agusutine Rytler. 1590. 49 x 70,5 cm. Museo Marítimo Nacional de Greenwich, Londres, Reino Unido.

FELIPE II TOMÓ LA DECISIÓN DE ATACAR GRAN BRETAÑA

En 1586, tras la muerte de María Estuardo y nuevas provocaciones, Felipe II decidió preparar una flota, que iba a mandar Álvaro de Bazán, marqués de Santa Cruz, con 130 buques, a los que reforzaría Alejandro Farnesio con 30.000 soldados desde Flandes. Este ejército desembarcaría en territorio inglés, tomaría Londres, pondría en el trono inglés a algún pariente lejano de María Tudor que fuese católico y acabaría con la piratería. La flota era tan poderosa en teoría que fue apodada la Armada Invencible (o «la Grande y Felicísima Armada»).

MUERTE DE ÁLVARO DE BAZÁN Y NOMBRAMIENTO DEL DUQUE DE MEDINA SIDONIA

Tanto se retrasó la salida de la flota española, que en febrero de 1588, murió Álvaro de Bazán antes de hacerse a la mar con la Invencible. Por fin, en mayo de ese año la flota estuvo lista; la formaban 131 buques con unos 10.000 marinos y 17.000 soldados, a los que se unirían los de Farnesio. Para mandarla, Felipe II nombró al duque de Medina Sidonia, experto general, pero sin conocimientos navales; el duque escribió a Felipe II diciéndole que él no era marino, pero el rey creyó que con los expertos marinos que llevaba para asesorarle sería suficiente. Sus últimas instrucciones al nuevo almirante fueron tres: no debilitar el conjunto hasta no haber derrotado al enemigo; no buscar batalla hasta no estar enlazado con Alejandro Farnesio; y no olvidar que los barcos ingleses eran más rápidos y estaban mejor artillados que los españoles.

BLOQUEO DE LAS OPERACIONES

Entre tanto, Alejandro Farnesio había conquistado Sluys (La Esclusa) y también contaba con Dunkerque como puertos donde embarcar sus tropas en la Armada. Pero los barcos de que disponía no podían enfrentarse con la flota de combate holandesa, que vigilaba la costa. Mientras tanto, la Armada avanzaba por el canal de la

LOS NOMBRAMIENTOS DE FELIPE II

Cuando Felipe II entró en Lisboa como rey de Portugal, iba vestido de toga, sin armas y rodeado de portugueses, como le había aconsejado Cristóbal de Moura; recibió las llaves de la ciudad de manos de Moura y se las devolvió diciendo «Tomadlas, que a vos se deben» y le concedió el título de marqués de Castel Rodrigo. Además, Moura había conseguido que el duque de Braganza, otro posible pretendiente a la corona, se sometiera a Felipe II y se presentara ante él; el rey le acogió muy afectuosamente, le premió con el Toisón de Oro y el cargo de condestable del ejército de Portugal. Estos detalles conquistaron a los portugueses, que le vitorearon por las calles y le dijeron: «Oh, rey, mal empleado en castellanos». En la imagen, *Felipe II*, de Sofonisba Anguissola. 1565. Óleo sobre lienzo, 88 × 72 cm. Museo del Prado, Madrid, España.

Mancha con el viento en contra, seguida a distancia por la flota inglesa. Durante varios días las flotas se cañonearon a distancia sin acciones decisivas. El 6 de agosto, la Armada ancló a la entrada de Calais; Farnesio tenía a sus fuerzas listas, pero en Dunkerque y Nieuport.

LA DECISIÓN FINAL: REGRESAR A ESPAÑA RODEANDO EL NORTE DE ESCOCIA

Los buques de la Armada debieron esperar, anclados ante Calais; pero entre tanto, la flota inglesa reunió unos 160 buques de combate, con mejor artillería que los españoles. Entonces lord Howard atacó a la Armada anclada con brulotes (buques incendiarios sin tripulantes). Ante este ataque, el duque de Medina Sidonia decidió levar anclas (o cortar sus cadenas) y hacerse a la mar. Durante varios días intentaron maniobrar contra el viento, mientras los ingleses les cañoneaban manteniendo la distancia para no ponerse a tiro de los cañones españoles y lograban hundir algunos barcos. Al fin, el 10 de agosto,

Medina Sidonia decidió que era mejor rodear las islas Británicas, en lugar de intentar abrirse paso por el canal de la Mancha para volver a España. Durante tres días el duque cubrió la retaguardia de la Armada que navegaba hacia el norte, hasta que lord Howard renunció a seguir luchando; entonces empeoró el temporal.

CONTRAATAQUES INGLESES (LA «CONTRAARMADA»)

Aprovechando que la flota española estaba en reparaciones, en 1589, el almirante inglés John Norris atacó La Coruña, desembarcando 7.000 soldados y tomando la ciudad baja, que saqueó; pero los vecinos y la escasa guarnición de la ciudad alta le hicieron reembarcar. A continuación, atacó Lisboa con 6.000 soldados, mientras Francis Drake remontaba el Tajo con barcos ligeros; pero fracasaron en su intento de lograr una sublevación a favor del prior de Crato. El fracaso de la llamada «Contraarmada» inglesa causó grandes pérdidas en el tesoro isabelino y permitió a Felipe reconstruir la flota española del

Isabel y La Armada Invencible, *un cuadro sin firmar, erróneamente atribuido a Nicholas Hilliard. Óleo sobre lienzo, 121,3 x 284,5 cm. La pintura recrea de una manera simplificada la batalla de Gravelines entre la Armada Española y la flota inglesa. Algunos historiadores consideran las banderas rojas y amarillas como españolas, mientras que historiadores catalanes las consideran locales.*

Atlántico, que volvió a conseguir la supremacía en este océano.

NUEVOS COMBATES CONTRA LOS INGLESES

En 1591 Alonso de Bazán batió cerca de las Azores a la flota inglesa mandada por el duque de Cumberland, tomándole la capitana y hundiéndole varios buques. En 1592, a propuesta del almirante Diego Brochero, el maestre de campo Juan del Águila y Diego de Amézquita, con 400 veteranos del Tercio de Sicilia, desembarcaron en Cornualles en una acción de comandos y reembarcaron. El mismo año, Pedro de Zubiaur dispersó un convoy inglés de 40 barcos, incendiando a la capitana y capturando tres barcos. En 1593 la expedición naval de Pedro de Zubiaur y Joanes de Villaviciosa socorrió la plaza francesa de Blaye, ocupada por los católicos y sitiada por el príncipe de Bearn, derrotando a seis buques ingleses y hundiendo dos de ellos. En 1595 la escuadra española cooperó en la toma de Brest y en 1596 en la de Calais.

La Armada Invencible en un cuadro anterior a 1700 de autor desconocido.

Galeón español, *de Cornelis Verbeeck. Siglo XVI.*

EL MAL TIEMPO DISPERSA LA FLOTA ESPAÑOLA Y AFECTA TAMBIÉN A LA INGLESA

La flota debía llegar a la costa del canal de La Mancha, anclar en Las Dunas, recoger al ejército de Farnesio, cruzar el Canal, remontar el Támesis y tomar Londres. Pero las tempestades dispersaron la flota al doblar el cabo Finisterre, igual que obligaron a entrar en puerto a la flota inglesa, mandada por lord Howard de Effingham. Al llegar la flota española al Canal, la flota inglesa estaba refugiada en Plymouth. Se ha criticado a Medina Sidonia por no aprovechar la ocasión para atacar a los ingleses, pero las órdenes eran claras: estaba escoltando un convoy de transportes y tenía que enlazar con Farnesio. Mientras la Armada avanzaba por el Canal, una noche dos buques se averiaron y finalmente fueron capturados por los ingleses.

DEXTERA DOMINI F

Representación de la Batalla de Klushino.
c 1620. Óleo, 550 x 650 cm. Galería Nacional de Arte Lviv,
Ucrania. Puede leerse la inscripción latina
referenciando a Segismundo III como rey de Polonia.

IN PROELIGATO AD KLVSZYNVM NVMEROSISS
CITU AVSPICYS SIGISMUNDI III POLONORVM ET S
ZOLKIEWSKI TVNC PALATINI KYOVIENSIS E
POST SVPREMI REGNI CANCELA

I VIRIVTEM.

Los
ejércitos
expansionistas

IOSCORVM ET EXTERORVM COLLIGATORVM EXER
RVM REGIS, DVCTV ET REGIMINE STANISLAI
ERCITVVM REGNI POLONIÆ CAMPESTRIS

Las guerras del **norte**

Felipe II tuvo un reinado caracterizado por la exploración del océano Atlántico y Pacífico y su imperio incluyó por primera vez territorios en todos los continentes. Pero no solo él trató de expandir su poder; holandeses y portugueses rivalizaron por el comercio naval, las potencias del norte se enfrentaron en la guerra de los Siete Años y Polonia entró en guerra con Suecia. También en Rusia, el Ducado de Moscú, capitaneado por Iván el Terrible, expandió sus territorios enfrentándose a tártaros y mongoles.

NAVEGACIONES Y DESCUBRIMIENTOS POR TODO EL MUNDO

El Pacífico, Filipinas, Salomón y Marquesas. Durante el reinado de Felipe II se empezaron a ocupar las islas Filipinas (descubiertas en el reinado de Carlos V), que fueron conquistadas por Legazpi, fundador de Manila. En 1568 Álvaro Mendaña de Neira descubrió las islas Salomón. Años después, en 1596, descubrió el archipiélago de las islas Marquesas o Mendaña. Pedro Fernández de Quirós, que había navegado con Mendaña como piloto, descubrió las islas del Espíritu Santo y Luis Vaz de Torres descubrió el estrecho de Torres y bautizó a la gran isla del sur como Austrialia (que luego se deformó en Australia) en honor de la Casa de Austria.

Exploraciones en América, Menéndez de Avilés y Juan de Oñate. En 1559 el virrey de Nueva España (México), Luis de Velasco, envió a Florida a Ángel de Villafaña, que estableció un puesto en la bahía de Pensacola y otro (Santa Elena) en la costa atlántica de Florida; pero ambos puestos fueron abandonados poco des-

Retrato de Felipe II, rey de España, *con uniforme militar y armadura pavonada con detalles dorados. Al cuello lleva el collar de la Orden del Toisón de Oro. Alonso Sánchez Coello, 1568, Kunsthistorisdies Museum de Viena, Austria.*

pués. En 1564, el hugonote francés René de Laudonnière creó una colonia en la costa atlántica de Florida. El gobernador general de Cuba envió a Pedro Menéndez de Avilés, que tomó el puesto francés y edificó el fuerte de San Agustín, origen de la ciudad más antigua de Estados Unidos. En 1598 la expedición de Juan de Oñate llegó desde El Paso hasta Santa Fe y tomó posesión de todo el territorio de Nuevo México.

LA MARINA HOLANDESA INDEPENDIENTE

En 1570 los holandeses organizaron una flota de guerra para luchar contra los españoles, pero fueron aplastados por Gaspar Robles, gobernador español de Frisia. Se reorganizaron y en 1572 la flota mandada por Adrian van Bergen, conde de Dolhain, entró en el Zuyderzee. Lodewijk van Bojsot, almirante de la flota de Zelanda, liberó Leyden en 1574, pero fue derrotado por el almirante Romero y murió en 1576. Los holandeses vencieron en Flessinga y tomaron Ámsterdam en 1573, luego vencieron en Bergen op Zoom en 1574 y tomaron Rotterdam en 1576.

En 1579 se constituyó la República de las Siete Provincias Unidas, lo cual oficializó la marina de guerra holandesa. Cuando se firmó la Tregua de los 12 años, la marina holandesa había creado cinco departamentos o almirantazgos (Maze, Ámsterdam, Zeeland, Noorderkwartier y Friesland), con las capitanías generales en Rotterdam, Ámsterdam, Middelburg, Hoorn, Enkhuizen y Dokkum (que luego pasó a Harligen).

RIVALIDAD CON LOS PORTUGUESES EN EL LEJANO ORIENTE

Durante la guerra de los Ochenta Años, los puertos holandeses se convirtieron en el centro comercial más importante del norte de Europa, desplazando a Flandes. La prosperidad holandesa provino del comercio continental y de sus colonias. En 1592 Cornelis y Frederik de Houtman crearon la Compañía de Ámsterdam (*Amsterdamse Compagnie*). En 1602 se creó la Compañía de las Indias Orientales (*Vereenigde Oostindische Compagnie*), con bases en Ceilán, India e Indonesia, donde actuaba con poderes de soberanía. Primero la compañía tuvo solo las bases imprescindibles para el comercio, pero la necesidad la llevó a ocupar territorios. La administración colonial era autónoma y preferían gobernar por medio de acuerdos con los líderes locales.

En 1621 se fundó la Compañía de las Indias Occidentales, que fundó colonias en Nueva Ámsterdam (actualmente Nueva York), Sudáfrica (el Cabo) y el Caribe. Sus mayores beneficios provenían del comercio de esclavos y de la piratería contra barcos españoles. Holanda controló el tráfico de esclavos durante el siglo XVII.

En 1648, los holandeses tenían tres grandes asentamientos en América: en el norte, el comercio de pieles; en las Antillas, plantaciones y extracción de sal, y el tráfico de esclavos y el contrabando en Aruba, Curaçao y Bonaire en las Antillas y en parte de Brasil y de Surinam. En 1700 quedaban tres puestos, las plantaciones en la Guayana holandesa (Surinam) y Elmina como puerto de esclavos.

El objetivo principal de la marina holandesa era la protección de las rutas de navegación en todo el mundo e impedir una invasión del territorio de las Siete Provincias. En 1607, una flota holandesa atacó en Gibraltar a la flota española en reconstrucción. También bloquearon Amberes, impidiendo su uso, protegieron la costa de Flandes para impedir que las tropas españolas recibieran suministros y escoltaron a los mercantes holandeses en el Báltico.

Buque de guerra holandés sobre el mar en calma, *de Abraham Storck. Óleo sobre tabla. Colección privada.*

Antes de la batalla de Las Dunas, *de Reinier Nooms. Óleo sobre lienzo, 91,4 x 111,8 cm. Museo Marítimo Nacional de Greenwich, Londres, Reino Unido.*

Batalla de Nieuport, *de Sebastian Vrancx. 1640. Museo de Bellas Artes de Sevilla, España.*

BATALLA NAVAL DE LAS DUNAS (1639)

En 1639 se encargó al almirante Antonio de Oquendo que llevase un convoy de 50 transportes con unos 14.000 soldados desde La Coruña para reforzar el ejército del cardenal-infante D. Fernando en Flandes. Se reunieron unos 27 buques de guerra españoles y portugueses, que debían proteger a los transportes. Su enemigo era el almirante holandés Maarten Tromp, que bloqueaba Dunkerque y el canal de la Mancha con su flota. El 16 de septiembre Oquendo en el *Santiago* llegó al principio del Canal y se encontró con Tromp en el *Amelia* al sur de Portsmouth. Oquendo aceptó el combate y ambas escuadras combatieron encarnizadamente, pero Oquendo creyó que Tromp le atacaba con pocos barcos para atraerle a una trampa frente a una escuadra mayor y aprovechó el cambio de viento y la niebla para romper el encuentro, dirigiéndose a la rada de Las Dunas (*The Downs*), cerca de Dover, donde esperaba reabastecerse, ya que Gran Bretaña era neutral.

OQUENDO ESPERA MIENTRAS QUE TROMP SE REFUERZA CONTINUAMENTE

Mientras que Oquendo se reabastecía de agua y víveres y trataba de conseguir más pólvora, Tromp concentró su flota, en Calais reabasteció a sus buques de pólvora en un solo día y mantuvo vigilada a la escuadra española. Sus buques pasaron de 17 a 50 y luego a 100.

A la escuadra de Oquendo le faltaba pólvora, por eso buscó el combate cuando la escuadra de Tromp era aún reducida. Finalmente, el 21 de octubre, Tromp consideró que había llegado el momento y con sus 100 buques, más algunos brulotes, atacó a la flota española fondeada; la flota española picó amarras, pero solo 21 buques lograron salir de la rada para combatir.

Unos 40 barcos españoles fueron hundidos, 21 embarrancaron contra la costa inglesa y 17 fueron apresados. Tromp solo perdió diez barcos y unos 1.000 hombres. Oquendo consiguió llegar a Dunkerque con su buque, que había recibido 1.700 impactos de bala, y otros tres barcos más.

LA GUERRA DE LOS SIETE AÑOS EN EL BÁLTICO

La guerra de los Siete Años del Norte o guerra nórdica de los Siete Años fue un conflicto entre el reino unido de Dinamarca y Noruega, cuyo rey era Federico II, ayudado por la ciudad libre de Lübeck y el reino unido de Polonia y Lituania, por una parte, contra el reino de Suecia, gobernado por Erik XIV. Se desarrolló entre 1563 y 1570.

INICIO DE LA GUERRA EN 1560

En 1560 chocaron Federico II de Dinamarca y Erik XIV de Suecia, que esperaba acabar con la hegemonía danesa. Lübeck y el reino unido de Lituania y Polonia se unieron a Dinamarca. La guerra se declaró en 1563. La flota danesa, bajo el mando de Jakob Brockenhuus, atacó en Bornholm a la flota sueca, mandada por Jakob Bagge, que obtuvo la victoria. El rey danés atacó la fortaleza sueca de Älvsborg con 25.000 soldados profesionales y tomó la fortaleza tras tres días de bombardeo y seis horas de asalto. Dos contraataques suecos contra Halmstad y Mared fracasaron.

BATALLA NAVAL DE ÖLAND Y HUNDIMIENTO DEL «MARS»

En mayo de 1564 tuvo lugar la batalla naval de Öland. La flota de Dinamarca y Lübeck era más numerosa, pero el almirante sueco Bagge tenía gran confianza en su buque insignia *Mars*, que desplazaba 1.800 toneladas, tenía 800 tripulantes y llevaba 107 cañones, el doble que cualquier otro barco. Durante el primer día, Bagge maniobró hábilmente, aprovechando al máximo la maniobrabilidad del *Mars*, que hundió un buque enemigo y dañó a varios. Pero durante la noche la flota sueca se desordenó y al día siguiente el *Mars* estaba solo con cinco buques suecos; el almirante danés, Hans Lauritzen lo atacó y destrozó su timón de un cañonazo; el *Mars* estalló y se hundió, Jakob Bagge cayó prisionero y la escuadra sueca se retiró a Estocolmo. Pero llegó una tempestad que estrelló a la escuadra danesa contra los escollos de la isla de Götland.

Victorias no decisivas en tierra y mar (1564 a 1570)

A continuación los suecos atacaron las provincias de Halland y Escania (entonces danesas), pero sin conseguir una victoria decisiva. Los suecos capturaron Varberg, pero los daneses, vencieron en Axtorna. Los suecos lograron tres victorias navales sin importancia en Öresund, Buchow y Bornholm. El ejército profesional danés era mejor, pero sus mercenarios no querían combatir si no se les pagaba. La guerra duró siete años, hasta que ambos bandos quedaron exhaustos. A Erik XIV le sucedió su hermano Johan III, que firmó la paz en Roskilde (1568), aunque no la respetó. Los daneses recuperaron Varberg, pero los suecos vencieron en Escania. En diciembre de 1570 se firmó el tratado de Stettin. Johan III retiró sus pretensiones sobre Noruega, Escania, Halland, Blekinge y la isla de Götland, y el rey danés renunció a sus pretensiones sobre Suecia. Los suecos recuperaron Älvsborg pagando 150.00 riksdaler, pero tuvieron que devolver los barcos daneses y de Lübeck.

POLONIA: DE LOS ÚLTIMOS JAGELLONES A SEGISMUNDO III WASA

Los ejércitos polacos fallaban porque no incorporaban una infantería adecuada a su ejército, que seguía estando basado en la caballería de la *szlachta*, caballeros valientes y buenos jinetes, pero sin preparación militar. Alejandro I (1501-1506), rey de Polonia y Lituania, tuvo problemas con Iván III de Rusia, que invadió Lituania (1501-1503) y le arrancó casi un tercio de sus territorios. Luego, una invasión tártara hizo 100.000 prisioneros y arrasó Podolia, Volynia y Lituania. En el reinado de Segismundo I (1506-1548), se aliaron contra Polonia el emperador Maximiliano de Alemania y el zar Basilio III, pero en otoño de 1514 los lituanos, con la caballería polaca, derrotaron en Orsz (u Orcha) a los moscovitas. En 1519, Alberto de Anspach, gran maestre de la Orden Teutónica, emprendió la guerra contra Polonia, pero fue vencido y firmó el Tratado de paz de Cracovia en 1525. En 1527, consiguió que el rey de Polonia le nombrara duque seglar de Prusia. En 1535 los señores feudales polacos y la *szlachta* se negaron a combatir contra los turcos y solo efectuaron algunas incursiones, la llamada «guerra de las gallinas».

Segismundo II Augusto (1548-1572) fortaleció la unión con Lituania mediante la Unión de Lublin (1569) y atacó Livonia con un ejército de 100.000 hombres después de que el *landmeister* Furstenberg de Livonia hiciera asesinar al embajador polaco y encarcelar al arzobispo de Riga. En 1557 el *landmeister* Furstenberg pidió la paz de rodillas en Pozwol. Cuando Iván el Terrible intentó conquistar Livonia, 4.000 polacos vencieron en Nevel a 15.000 rusos, pero fi-

Gustavo Vasa creó un ejército sueco permanente de 1523 a 1560. Gustavo Vasa aprovechó un periodo de paz inestable para reorganizar el ejército sueco y reimplantar el *Uppbåd* creando un ejército nacional permanente, financiado mediante algunos impuestos. Los hombres estaban en sus casas en tiempo de paz, pero se les convocaba periódicamente. En 1560 un hombre de cada 10 formaba parte de esta milicia permanente. En la imagen, *Gustavo Vasa, el rey Gustavo I de Suecia, de autor desconocido c 1550.*

nalmente en 1570 se firmó una tregua que concedió Polock y parte de Livonia a Rusia.

LOS REYES ELEGIDOS SIN LIMITACIONES

En Polonia se instauró una monarquía electiva sin limitaciones y en 1575 fue elegido Esteban Bathory (1575-1586), que reforzó el ejército, integró a los cosacos, se alió con Suecia, peleó con éxito contra Iván IV de Rusia y venció a los turcos. Con la ayuda de Jan Zamoyski, reformó el ejército, iniciando la recluta militar de campesinos para la infantería. Esta nueva infantería, bien organizada, equipada y adiestrada, se unió con la caballería en un nuevo ejército, que recuperó Polock y entró en Moscovia. Krzystoph (Cristóbal) Radziwiłł, con un destacamento de caballería, llegó hasta Starycy a orillas del Volga, donde se encontraba el propio zar Iván IV, que firmó la paz de Kiwerowa-Horka, por la que Polonia recibía Livonia y Polock.

SEGISMUNDO III VASA Y EL INICIO DE LAS GUERRAS DE POLONIA CONTRA SUECIA

Segismundo III Vasa fue rey de Polonia de 1587 a 1632. De 1592 a 1604 también fue rey de Suecia, pero, al ser católico, los nobles se rebelaron contra él, le derrotaron en Stångebro (1598), y nombraron rey a Wladislao (un hijo de Segismundo menor de edad) bajo la regencia del duque Carlos de Södermanland (Sundermania). Estalló la guerra entre Suecia y Polonia. Los polacos se creían invencibles y su población era superior, aunque su ejército era muy reducido. El ejército sueco estaba motivado y bien adiestrado.

VICTORIAS INICIALES DE LOS SUECOS

Los suecos movilizaron rápidamente a su ejército gracias a su Gobierno centralizado y su sistema de leva de campesinos instruidos. Krzystoph Radziwiłł venció varias veces, pero el ejército sueco era el triple del de Radziwiłł y ocuparon las fortalezas de Estonia y Livonia. Entonces los polacos aumentaron el presupuesto militar y llamaron al ejército del sur con Jan Zamoyski.

LA «SZLACHTA»: UNA CABALLERÍA VOLUNTARIA CON PESO POLÍTICO

La caballería de la *szlachta* estaba formada básicamente por la pequeña nobleza rural polaca. Formaba la caballería voluntaria del ejército polaco. Todos los *szlachcics* eran grandes jinetes. Eran una clase social muy numerosa, que perdió muchos miembros en las guerras, pero no vio reconocidos sus sacrificios, ya que solo los señores de la alta nobleza conseguían prebendas y cargos. Se decía que «mientras el *szlachcic* iba a morir en las guerras contra el turco o el tártaro, su familia quedaba entregada a las arbitrariedades de los funcionarios de la alta aristocracia». Al fin, consiguieron el llamado Privilegio de Cracovia, en el cual se establecía que «salvo caso de flagrante delito, la persona del *szlachcic* era inviolable, sin un juicio en forma». En la imagen, *Retrato de Estanislao Antoni Szczuka*, un szlachta. c 1735-1740. Óleo sobre lienzo. Museo del palacio del rey Juan III, Wilanów, Polonia.

Victorias de los polacos de Zamoyski y Chodkiewicz

Zamoyski, que acababa de vencer en Moldavia, acudió con el grueso del ejército a ayudar al nuevo *hetman* de Lituania, Jan-Carol Chodkiewicz. Juntos derrotaron a los suecos en Kokenhusen (1601) y Carlos IX se retiró. Zamoyski enfermó y murió. Chodkiewicz tomó el mando, en 1602 derrotó a los suecos en Ravkere y en 1604 conquistó Dorpat y venció en Biały Kamień y Weissenstein, aunque su ejército era menor que el sueco, porque empleaba bien a la caballería polaca, derro-tando primero a la caballería sueca y luego atacando a la infantería, que se desordenaba y huía.

Victoria final polaca en Kirchholm (1605)

En 1605 los suecos votaron nuevos créditos militares, reorganizaron sus tropas y contrataron mercenarios profesionales de media Europa para crear un nuevo ejército aún más numeroso. El conde Mansfeld sitió Riga con 4.000 soldados. El rey Carlos IX, con el ejército sueco reunido (unos 12.000 suecos, alemanes, holandeses, ingleses y escoceses), decidió atacar a Chodkiewicz, que se

Batalla de Kircholm, de Pieter Snayers. c 1620. Óleo sobre lienzo, 142 x 231,5 cm. Actualmente forma parte de la colección del castillo de Sassenag, Francia. La pintura fue encargada por el rey Segismundo III Vasa, a través de su agente en la corte de Bruselas, el archiduque Alberto VII.

movió a un campamento fortificado cerca de Kirchholm con solo 4.500 hombres. Chodkiewicz engañó a Carlos haciéndole creer que se retiraba; las tropas suecas se desorganizaron, creyendo atacar a los polaco-lituanos en retirada. Entonces Chodkiewicz hizo fuego sobre la infantería sueca, mientras que la caballería polaca daba la vuelta y cargaba; los infantes suecos huyeron y fueron totalmente derrotados, perdiendo 5.000 hombres. El rey Carlos IX tuvo que huir a uña de caballo para embarcarse en su flota.

REBELIÓN DE LA BAJA NOBLEZA POLACA EN EL «ROKOSZ» DE ZEBRZYDOWSKI (1606)

Chodkiewicz no pudo hacer más porque la Dieta polaco-lituana le abandonó y no le envió dinero para pagar a sus tropas, que le abandonaron.

Solo se quedaron con él las tropas que pudo pagar de su bolsillo o con la ayuda de sus amigos. Con tan pocas tropas tuvo que sofocar la rebelión interna en Polonia (llamada el *rokosz* de Zebrzydowski por su instigador) entre 1605 y 1608. Hasta 100.000 caballeros armados de la *szlachta* se reunieron cerca de Sandomir y pretendieron destronar a Segismundo. Los rebeldes polacos ofrecieron la corona a Gabriel Bathory, *voivoda* de Transilvania, pero Chodkiewicz derrotó a los rebeldes en la batalla de Guzów, en julio de 1607. Un ejército sueco desembarcó en Livonia, donde capturaron varias plazas, pero cuando Chodkiewicz regresó, derrotó a la escuadra sueca en Salis, y al ejército sueco en el río Gauja, con lo que, a la muerte de Carlos IX, Suecia firmó una tregua en 1611.

LAS CAMPAÑAS DE SEGISMUNDO III EN RUSIA

En 1609 el zar Basilio Chuiski de Rusia firmó una alianza con Suecia y el rey Segismundo III le declaró la guerra. Al frente del ejército polaco, sitió Smolensko dos años. El ejército de Basilio fue derrotado por el *hetman* Zolkiewski en Kluszyn, en 1610, y Zolkiewski tomó Moscú, donde proclamó zar a Wladislao Wasa, el hijo de Segismundo. Los rusos lo aceptaron, pero Segismundo consiguió que los moscovitas se sublevasen contra los polacos y que los boyardos eligieran como zar a Miguel Romanov, que expulsó a los polacos de Rusia. En 1617, Segismundo Wasa volvió a intentar la conquista de Moscú, pero fue derrotado. En 1618 se firmó una tregua en Diwilin, que entregó Smolensko a Polonia.

NUEVA GUERRA POLACO-SUECA DE 1617 A 1629

El rey Gustavo Adolfo II de Suecia volvió a atacar Livonia. En 1617 conquistó Dünamunde y Pernau, y poco después Riga. Polonia tuvo que firmar una tregua en Mittau, pero a principios de 1626, Gustavo Adolfo, con un ejército sueco de solo 3.000 hombres, derrotó a los polacos en Wallhof. Los suecos invadieron Prusia, ocuparon Pillau y todas las ciudades costeras menos Gdaŕsk. En septiembre de 1626 Gustavo Adolfo derrotó en Gniew al ejército polaco mandado por Segismundo, que luego recibió refuerzos y con unos 10.000 hombres se enfrentó a un ejército sueco de 20.000. Los suecos atacaron desde dos direcciones, pero las inundaciones del Vístula les impidieron concentrarse y los polacos atacaron a Gustavo Adolfo en Kieżmark, le hirieron y tuvo que retirarse. La batalla final fue la de Moltawa. Los suecos quisieron hacer que los polacos atacaran, pero fracasaron; la caballería sueca atacó, pero no atrajo a los polacos ante el fuego de la artillería y la infantería suecas. Finalmente, Gustavo Adolfo fue herido de nuevo en otro ataque y los suecos se retiraron.

Koniecpolski reformó el ejército polaco para aumentar la potencia de fuego de su infantería y artillería. Por su parte, los suecos aprendieron a utilizar su caballería. Entre marzo y abril de 1627, Koniecpolski derrotó a los suecos cerca de Czarne, les hizo encerrarse en la ciudad y rendirse en tres días, entregando armas y banderas. Tras esta victoria, algunas tropas a sueldo de Suecia se pasaron a los polacos y el elector de Brandemburgo les ayudó, con lo que los lituano-polacos volvieron a avanzar en Livonia. Además, la inexperta marina polaco-lituana derrotó a la sueca en Oliwa.

LA EXPANSIÓN DEL GRAN DUCADO DE MOSCÚ: DE IVÁN III A MIGUEL ROMANOV

Desde el siglo XII Moscú se transformó en el núcleo aglutinador de un nuevo imperio. Iván I Kalita se independizó de los mongoles pagando un fuerte tributo y en 1328 venció al príncipe de Tver. En 1375 Dimitri Donskoi volvió a vencer a los príncipes de Tver y de Riazán, apoyados por Lituania; además, mantuvo la lucha contra los mongoles y en 1380 logró una gran victoria sobre los tártaros en Kulikovo, en el Don.

LAS PRIMERAS CONQUISTAS DE IVÁN III EL GRANDE (1462-1505)

Iván III hizo tributarios suyos a algunos principados tártaros y extendió el Principado de Moscú hacia el sur hasta los territorios de Rostov, Yaroslavl y la República de Nóvgorod, a la que derrotó en tres ocasiones y en 1478 integró en el Gran Ducado de Moscovia. La República de Pskov siguió existiendo por la ayuda que prestó a Iván III en esta campaña. Otros principados fueron absorbidos virtualmente, por conquista, compra o unión: Yaroslavl en 1463, Rostov en 1474, Tver en 1485 y Vyatka en 1489.

LA HORDA DE ORO

Entre las humillaciones impuestas por la Horda de Oro, el duque de Moscovia debía presentarse a pie al capschak (enviado de la Horda y que llegaba a caballo) y ofrecerle un vaso de leche de yegua. Si se vertía una gota sobre la crin, el duque debía lamerla. En 1476 Iván III se negó a

DERROTA FINAL POLACA Y TRATADO DE ALTMARK O STARY TARG (1629)

En 1628 Gustavo Adolfo recuperó Nowy y Brodnica. Koniecpolski contraatacó con rápidas incursiones de caballería. Después de que Estanislao Potocki fuera derrotado en Górzno, la Dieta polaca aprobó nuevos fondos y el emperador de Alemania envió tropas y dinero. Con esto la guerra quedó equilibrada y Koniecpolski venció en Trzciana. Finalmente, se firmó en 1629 la Paz de Stary Targ (Tratado de Altmark); los suecos se quedaron con Riga, parte de Livonia y muchas ciudades de la Prusia Real. Estas conquistas le permitieron a Suecia intervenir en la guerra de los Treinta Años. En la imagen, *Gustavo Adolfo, rey de Suecia*, de Jacob Hoefnagel. 1624. Óleo, 64 x 47 cm. The Royal Armoury, Estocolmo, Suecia.

Abajo, Muerte de Gustavo Adolfo II, *de Carl Wahlbom. 1855 Óleo, 101 x 151 cm.*
Se muestra la muerte del rey Gustavo Adolfo de Suecia
el 6 de noviembre de 1632 en la batalla de Lützen.

hacerlo y mató a todos los miembros de la embajada turca, menos al mensajero.

En 1480 Iván III se libró del dominio de la Horda de Oro tártara y se expandió en todas direcciones. Para colonizar el sur utilizó a los cosacos, campesinos y siervos rusos que así escapaban a su condición de servidumbre y fundaron en la estepa *sotnias* (comunidades independientes) dirigidas por un *atamán* (jefe elegido); los cosacos se encargaron de proteger las fronteras contra turcos y tártaros. En 1481 la Horda de Oro se deshizo y en 1487 Iván III redujo al Khanato de Kazán a vasallaje. Iván III llegó por el Este hasta la cuenca del río Kama (afluente del Volga) y el cauce del Ob, por el norte hasta el océano Glacial Ártico y por el oeste hasta la frontera de Lituania. Por eso tomó el título de gran duque de Todas las Rusias. Luego, su hijo y sucesor Basilio III (1505-1533) conquistó sucesivamente los principados de Tver, Pskov, Smolensko y Riazán.

IVÁN IV EL TERRIBLE (1533-1584) Y SUS PRIMERAS CAMPAÑAS

Iván IV reorganizó el ejército asesorado por el príncipe Kurbski y, con la colaboración de la pequeña nobleza, creó la milicia de los *streltsi* (o *strelitz*), arcabuceros de la Guardia del Zar; primero fueron 3.000, pero aumentaron a 20.000. En 1547 tomó el título de zar. Continuó la expansión hacia el sur mediante campañas contra los tártaros y los mongoles. Organizó un ejército de 100.000 hombres con caballería, artillería y mercenarios cosacos. Con el empleo de la artillería batió a las tribus nómadas y logró la sumisión de Kazán (1552) y Astrakán (1556), que le dieron el dominio del curso del Volga. Intentó tomar Kazán en dos ocasiones, pero en ambas el mal tiempo le

Destrucción de la Asamblea Nógorod, de Klavdi Vasilievich Lebedev. 1889. Óleo, 251 × 410 cm. Galería Tretyakov, Moscú, Rusia.

hizo retirarse. En 1551, por fin, conquistó las tierras del norte de Kazán y liberó a los cautivos cristianos. Iván IV reorganizó su ejército y rodeó Kazán. Cuando llegó el invierno sin lograr la victoria, desvió el río que daba agua a la ciudad, pero los tártaros encontraron otra fuente de agua. Iván IV consiguió volar parte de las murallas con pólvora, pero los moscovitas empezaron a saquear y esto permitió la reacción de los tártaros. Iván IV ordenó ejecutar a todo aquel que robara o saqueara en vez de atacar al enemigo. Así la conquista acabó en 1552. Luego sufrió la invasión de los tártaros de Crimea, que en 1571 saquearon Moscovia.

LA GUERRA DE LIVONIA Y SUS CONSECUENCIAS

Por el norte, Iván expandió sus territorios hasta el mar Blanco. De 1558 a 1582 perdió la guerra de Livonia. En 1558 Iván IV invadió Livonia (unión de las actuales Estonia y Letonia) y tomó Narva, puerta del Báltico. Entonces las ciudades libres de Livonia se pusieron bajo vasallaje sueco y polaco para defenderse de Rusia. Cuando en 1570 se firmó la Paz de Stettin, Suecia y Polonia atacaron a Rusia y la vencieron en Venden, apoderándose de Livonia y Finlandia. Por el tratado de Jam Zapolski, Rusia entregó Livonia y Polozk a Polonia; también cedió Ingria y Curlandia a Suecia.

INVASIÓN POLACA DE RUSIA: MIGUEL ROMANOV

A la muerte de Iván IV se inició un periodo de desórdenes. Segismundo III de Polonia aprovechó la situación y en 1609 las tropas polacas ocuparon Moscú, imponiendo como zar a Ladislao, hijo de Segismundo, hasta 1610. Pero cuando Segismundo intentó que le nombraran zar a él, los rusos se rebelaron. Una sublevación arrebató el poder al Parlamento ruso y eligió en 1613 a Miguel III Romanov, pariente de Iván III.

Los ejércitos
orientales

Durante el Renacimiento europeo, se sucedieron simultáneamente acontecimientos de vital importancia en Oriente, como la formación del Imperio Gran Mogol en India y la sucesión de Dinastías, como la Ming o la Qing en China, con los consecuentes conflictos armados y la reorganización de sus ejércitos. En Japón, se sucedieron las guerras civiles durante 250 años hasta la paz definitiva de Tokugawa Ieyasu en 1615.

LA INDIA DURANTE EL RENACIMIENTO EUROPEO

Durante el siglo XIV los musulmanes fueron completando la conquista del norte de la India. A finales del siglo XIV el sultanato de Delhi comenzó a desintegrarse. Varios antiguos reinos hindúes volvieron a ser independientes. En 1397 Tamerlán o Timur Lenk invadió la India con 90.000 jinetes y saqueó todo el noroeste, llegando hasta Delhi. La India musulmana se fragmentó en varios estados. A comienzos del siglo XVI el norte de la India y el Decán estaban gobernados por sultanatos gobernados por musulmanes, aunque la gran mayoría de la población eran hindúes, que mantenían su religión y sus tradiciones. De los hindúes, solo los príncipes rajputs consiguieron mantener una cierta independencia. En el centro-sur, a pesar del dominio musulmán, subsistían dos grandes reinos gobernados por dinastías hindúes: Orissa y Vijayanagar.

ORISSA: EL GRAN REINO ORIENTAL DE LOS HINDÚES
La dinastía hindú que reinó en Orissa entre los siglos XI al XV fue la de los Ganga orientales.

Detalle del abigarrado relieve exterior del templo Hazarrama, de la ciudad india de Hampi, que representa la destrucción del reino de Vijayanagar en la batalla de Talikota (1565).

Pero tras siglos de resistencia a los musulmanes, en 1568 Orissa fue invadida y conquistada por Akbar, descendiente de Babur, y pasó a formar parte del imperio del Gran Mogol, aunque la región costera no fue conquistada hasta 1576; el último rey hindú de Orissa fue Gajapati Mukunda Deva, derrotado y muerto en la batalla de Gohiratikiri. La zona costera de Orissa pasó al sultanato de Bengala, pero la mayor superficie formó parte de reinos hindúes más o menos independientes o feudatarios, como el nizam (soberano) de Hyderabad. Tras la caída de los mogoles, en 1751 la región quedó dividida entre los nababs de Bengala y la Confederación Mahrata.

Como la conquista total de la india era especialmente difícil, se contentaban con convertirlos en sus vasallos

FORMACIÓN Y DESAPARICIÓN DEL ESTADO DE VIJAYANAGAR
Hacia 1340 se formó el estado de Vijayanagar en el sur de la India. Fue un fuerte bastión contra el islam. Vijayanagar era la capital del reino de su nombre, al sur del río Tungabhadra. En 1370 conquistaron el sultanato musulmán de Madura y en pocas décadas consiguieron dominar la In-

dia meridional, al sur del río Krisna y su afluente, el Tungabhadra. Su principal enemigo por el norte era el reino musulmán de Bahamani (fundado por el rebelde Zafar Kan), con el que sostuvo muchas guerras.

En Vijayanagar se sucedieron diversas dinastías. Su principal rey fue Kristna Deva Raya (1509-1529), que fue un gran jefe militar, conquistó Orissa y lo convirtió en tributario. En 1498 Vasco da Gama desembarcó en Calicut. En 1510 los portugueses se establecieron en Goa, con permiso de Vijayanagar. Los portugueses aportaban caballos de guerra de Persia y armas de fuego, además de los artículos habituales del comercio.

El reino musulmán de Bahamani desapareció a principios del siglo XVI. Entonces se formaron los sultanatos del Decán, que se aliaron entre ellos y derrotaron en Talikota (1565) al reino de Vijayanagar, que fue saqueado y destruido. A la caída de Vijayanagar, el país tamil se dividió en varios principados hindúes: los mayakos de Madurai (fundado por Viswanatha en 1539), Tanjore y Cingee, los wodeyars de Mysore y otros. El Decán se lo repartieron entre varios sultanatos musulmanes, como Bijapur, Bidar, Golconda y Ahmednagar, que se mantuvieron independientes hasta que el gran mogol Aurengzeb los integró en su imperio; Bijapur en 1686 y Golconda en 1687.

A PARTIR DE 1526 BABUR FUNDÓ EL IMPERIO MOGOL DE LA INDIA O GRAN MOGOL

En 1526 Babur (*Zahir-ud-din Mohammad Babur* o Baber), un descendiente de Tamerlán,

La conquista de Bagdad por Timur. Página del manuscrito de Zafarnama (Historia de Timur), *por Sharaf al Din, del conocido como Siraj al-Husaini. Tinta, acuarela opaca y oro sobre papel, 28,9 x 20,3 cm. Abajo, litografía en color de Babur, del libro de Racinet,* Los trajes militares de la India en el siglo XVI.

fundó el Imperio mogol de la India, un estado islámico que gobernó durante dos siglos la mayor parte del subcontinente, hasta su sometimiento por los ingleses entre los siglos XVIII y XIX. Babur tuvo que enfrentarse a un enemigo más poderoso, Rana Sanga, rey de los rajputs hindúes, que le atacó con un ejército de 100.000 infantes, 80.000 jinetes y 500 elefantes; Rana Sanga era un veterano, pero no supo luchar contra las armas de fuego. Babur reforzó sus tropas con 3.000 arqueros reclutados en Ferganah y así consiguió derrotar a las tropas de Sanga en la batalla de Khanua en 1527 con las mismas tácticas que en Panipat. Pero la confederación rajput continuó una guerra feroz con asedios y matanzas; cuando los rajputs se veían perdidos, mataban a sus mujeres e hijos y se suicidaban. Finalmente Babur se convirtió en el jefe absoluto de la India del norte.

En sus momentos de mayor apogeo abarcaba la gran parte de los territorios correspondientes a Pakistán, Bangla Desh y la India Central y en el siglo XVII conquistó Vijayanagar, el último gran reino hindú; incluso llegó a ocupar parte de Afganistán, Irán, Nepal y Bhután.

Babur era el hijo de un rey uzbeko y pasó la primera parte de su reinado (de 1498 a 1514) tratando de recuperar su reino en el valle de Ferganah (norte de Uzbekistán) hasta que fue derrotado definitivamente. Entonces avanzó hacia la India. En 1521 aprovechó que los nobles del sultanato de Delhi detestaban a su sultán Ibrahim Lodi y pidieron ayuda a Babur. Con un ejército de 12.000 hombres con arcabuces, Babur avanzó hacia Delhi y conquistó el Punjab. Ibrahim contaba con 100 elefantes y 100.000 soldados, que según Babur, «carecían de experiencia de la guerra, marchaban en desorden, se detenían o reculaban sin discernimiento y entraban en combate ciegamente». En 1526 tuvo lugar la batalla de Pänipat (en el camino del paso del Khyber a Delhi), en la que Ibrahim atacó en un frente muy estrecho, donde no podía aprovechar su superioridad numérica, contra una línea de empalizadas y carretas, desde la cual los arcabuceros, los arque-

A la izquierda, litografía en color de Babur, del libro de Racinet, que contiene Los trajes militares de la India del siglo XVI. Este fragmento representa a Babur, emperador de la India, considerado el fundador del Imperio mogol, a pesar de que la consolidación definitiva la llevó a cabo su nieto Akbar. En el centro, Rana sanga cabalgando. 1712. Tinta, acuarela opaca, oro y perlas sobre papel, 21 x 19 cm. Museo Metropolitano de Arte, Nueva York, EE. UU. En esta página, Lucha del sultán Bahadur durante la campaña de Gujarat. 1535. Perteneciente a la Historia de Akbar, de Dharmdas. Acurela opaca, oro y tinta sobre papel, 33,02 x 21 cm. County Museum of Art, Los Ángeles, EE. UU.

ros y la artillería de Babur disparaba a placer. Ibrahim perdió 20.000 hombres y murió en la batalla. Babur entró sin dificultades en Agra junto a su hijo Humayun y ocupó Delhi, se proclamó *padshah ghazi* (emperador de la India) y puso su capital en Agra, aunque luego sus sucesores la llevaron a Delhi.

UN INQUIETANTE PRESAGIO

Antes de la batalla de Panipat hubo una escaramuza entre las vanguardias de ambos ejércitos. El hijo de Babur, Humayun capturó más de 100 prisioneros y unos ocho elefantes de guerra. En lugar de liberar a sus prisioneros, como había hecho en batallas anteriores, Humayun ordenó fusilarles. En sus memorias Babur escribió: «Era la primera experiencia de batalla de Humayun y fue un excelente presagio». Pero luego tuvo miedo de que fuese demasiado cruel y el último consejo de Babur a Humayun fue: «No hagas nada contra tus hermanos, aunque ellos puedan merecérselo». El hijo y heredero de Ba-

bur, Humayun, trató de consolidar sus dominios y en 1535 llevó a cabo una victoriosa campaña en Gujerati, pero fue derrotado en Chaunsa (1539) y Kanauj (1540) por el afgano Shah-Sher, que se apoderó de Delhi y fundó una dinastía de corta duración. Humayun se refugió en la corte de Persia y en 1555, cuando Shah-Sher murió, reconquistó India con tropas persas, pero murió al cabo de un año.

AKBAR EL GRANDE, EL GRAN MOGOL

En 1556 subió al trono Akbar, hijo de Humayun. Durante su minoría de edad, Afganistán se independizó bajo su hermano Hakim, los rajputs se declararon independientes y los estados del Bajo Indo, Gujerati, Decán, Punjan y Bengala se rebelaron. Pero el regente Bayran Khan, con 20.000 hombres y una artillería bien organizada, derrotó en la segunda batalla de Panipat a los 100.000 hombres y 1.500 elefantes de los príncipes hindúes y musulmanes rebeldes. Desde 1559 Akbar asumió el mando de su ejército e inició una serie de campañas victoriosas; en 1576 había dominado todo el norte de la India menos Sind. De 1591 a 1601 sometió a Sind, Kandahar, Berar y Kandesh. Llevó los límites

Aurengzeb, además de rebelarse contra su padre, Shah Jahan, le encerró en el fuerte rojo de Agra durante nueve años, hasta que murió. También ordenó la ejecución de dos de sus hermanos. En la imagen, una ilustración de Aurangzeb asentado sobre un trono de oro que sostiene un halcón en el Durbar.

del imperio al Indu-Kush por el oeste y noroeste, Terai al norte, Bengala al este y el río Godavari y el río Krisna al sur.

AURENGZEB, EL ÚLTIMO GRAN MOGOL VERDADERAMENTE GRANDE

Posteriormente, Shah Jahan, gran mogol de 1628 a 1658, penetró en 1636 en el Decán y convirtió a sus sultanes en vasallos; también sometió a los reinos de Bihapur y Golconda. Pero tuvo conflictos armados con los portugueses en Hugli y fue derrotado por los persas, y en 1658

su hijo Aurengzeb le destronó. Aurengzeb fue el último gran mogol. Expandió el imperio hasta incluir casi toda la India, se enfrentó a los rajputs y conquistó Jodhpur; pero su intolerancia religiosa provocó un fiero sentimiento de resistencia.

Los reinos Mahrattas del Decán le resistieron hasta su muerte en 1707; entre los mahratas destacó la figura de Shivagi, que en 1627 estableció el reino de los mahratas. A la muerte de Aurengzeb en 1707 sus tres hijos se pelearon por la sucesión y el Imperio del Gran Mogol se deshizo, justo cuando las potencias europeas se disponían a invadir la India. De ahí surgieron en 1710 diversos estados: los sijs del Punjab, los rajputs del Rajastán y los mahratas del oeste de la India.

LOS ESTABLECIMIENTOS COLONIALES EUROPEOS EN LA INDIA

Los portugueses se habían establecido en Goa en 1510 y luego fundaron otros tres establecimientos en Diu, Bassein y Mangalore, en la costa occidental de la India; en 1534 adquirieron Bombay. Pero la unión de Portugal y España les perjudicó, ya que no podían seguir comerciando y suministrando a los holandeses e ingleses, que decidieron hacerles la guerra en la India. Los holandeses, a partir de 1603, fueron sustituyendo a los portugueses en Colombo, Cochin y costa de Malabar para asegurar la ruta hasta Batavia. En 1610 los ingleses derrotaron a una flota portuguesa y la *East India Company* se estableció en Surat. En 1612-1613 comenzó el avance colonial inglés en

Ilustración del emperador con halo dorado y de perfil en su trono sobre canapé blanco, flanqueado por los tres jóvenes príncipes de la izquierda, del período Mughal. c 1628 o posterior.

la India: en 1639 adquirieron Madrás al rajá de Chandragiri, en 1665 Carlos II recibió Bombay como dote de su esposa y en 1690 adquirieron Calcuta. También había establecimientos franceses, entre los que destacaban Chandernagor y Pondichery.

CHINA EN LA ÉPOCA DEL RENACIMIENTO EUROPEO
CAÍDA DE LOS MONGOLES.
LA DINASTÍA MING (1368-1644)

A principios del siglo XIV, el desorden social del final de la dinastía Yuan provocó numerosas rebeliones contra los mongoles. Los últimos emperadores no tuvieron capacidad para hacer frente a las rebeliones nacionalistas ni conseguir el apoyo de los nobles chinos. Un líder rebelde de origen humilde, Zhu Yuanzhang (o Chu Yüang Chang), fundó la dinastía Ming en 1368, estableciendo la capital en Nankín. La dinastía Ming fue la penúltima dinastía china que gobernó entre 1368 y 1644.

En la imagen, Yongle, emperador de la dinastía Ming, sentado sobre el trono del dragón. Tinta y color sobre seda, 220 x 150 cm. Museo Nacional del Palacio, Taipéi, Taiwán.

DECADENCIA DEL ESTADO MONGOL AL NORTE DE CHINA Y EXPANSIÓN DEL IMPERIO MING

Los primeros emperadores Ming dirigieron diversas campañas en Mongolia y destruyeron las ciudades de Harhorin y Kar Kot. Luego, los Ming cambiaron a una política defensiva. Mientras tanto, diversas tribus de mongoles luchaban entre ellas, generalmente mongoles del oeste contra mongoles del este; también siguieron atacando las fronteras chinas, lo que llevó a la reconstrucción de la Gran Muralla.

EL EMPERADOR YONGLE (O YUNG-LO)

Al emperador chino Hongwu le sucedió, tras una breve guerra civil, su hijo, el emperador Yongle o Yung-Lo (1403-1424), que trasladó la capital a Pekín. Realizó una política expansionista, con cinco expediciones al norte de la Gran Muralla incorporando Manchuria y Mongolia, e Indochina en el sur. Para ello tuvo que militarizar temporalmente el país y crear una clase militar hereditaria. Durante el reinado de Yongle, China se convirtió en una potencia marítima, pero abandonó su flota por su alto coste y renunció a continuar las expediciones marítimas.

PRIMERAS CAMPAÑAS Y DERROTAS FRENTE A LOS MONGOLES

El emperador Zhengtong condujo una campaña en 1449 contra los mongoles y fue capturado. Su hermano, el emperador Jingtai, asumió el trono. Luego los mongoles liberaron a Zhengtong, que volvió para vivir en reclusión, pero pudo reclamar el trono a la muerte de su hermano; reinó con el nombre de Tianshun.

CHINA FABRICÓ ARMAS EUROPEAS

Durante el periodo Ming surgieron numerosos contactos comerciales con Japón, con los portugueses (establecidos en Macao desde 1557) y con los españoles, que llevaban plata de América a Filipinas. Los primeros contactos de los chinos con los cañones portugueses dejaron al emperador chino tan impresionado que hizo acudir a la

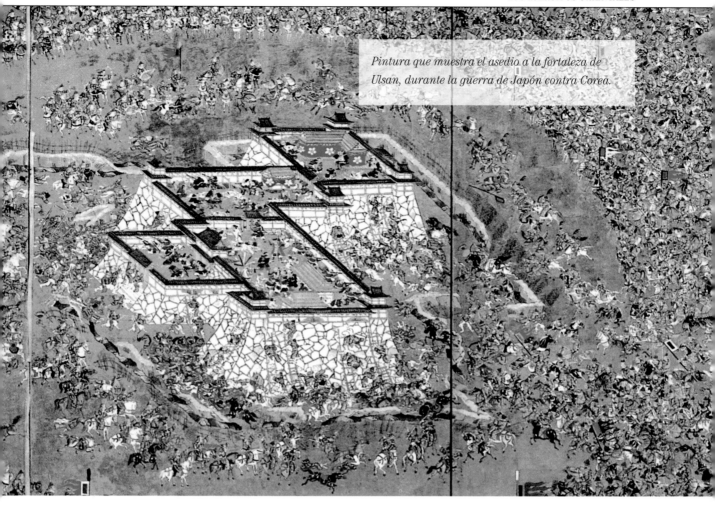

LA GUERRA CONTRA COREA

En 1590 Toyotomi Hideyoshi se había convertido en el dominador del Japón mediante una combinación de brillantes victorias militares y hábiles alianzas. En 1592 envió una expedición de 200.000 veteranos a la conquista de Corea. Este ejército barrió a los ejércitos coreanos que intentaron detenerles, tomó Seúl y llegó hasta el río Yalu, frontera nordeste de Corea con China; pero los coreanos continuaron con una guerra de guerrillas y el almirante coreano Yin Sun Sin utilizó barcos blindados con grandes placas y cañones de grueso calibre para derrotar a la escuadra japonesa y aislar al ejército enemigo. Un ejército chino llegó en socorro de los coreanos, pero en 1598 los japoneses vencieron en So-Chon. Como ambos contendientes estaban al borde de la ruina, Hideyoshi vio que no habría vencedores; primero los japoneses se retiraron a Pusan y luego, a la muerte de Hideyoshi en 1599, el ejército japonés volvió a casa.

TOKUGAWA IEYASU ASUMIÓ EL PODER EN 1615 Y PACIFICÓ EL JAPÓN

A la muerte de Hideyoshi la mayor parte de sus vasallos apoyaron a Tokugawa Ieyasu, gran general y hábil político, que fue el último de los tres grandes unificadores. Tuvo que vencer a los *daimios* seguidores de Hideyoshi, que no le aceptaron como jefe, primero en 1600, en la batalla de Sekigahara, en la que murieron 40.000 soldados, muchos de ellos veteranos de la guerra de Corea. Luego obtuvo el triunfo decisivo final en la batalla de Osaka, en 1615. Después de esto el Japón no tuvo más guerras civiles y se asentó definitivamente el régimen del shogunado bajo la familia Tokugawa.

Índice

Sobre estas líneas a la izquierda, el príncipe Dorgon. En el centro, Kangxi (Khang-ti o Kang-hi o también Chin-Tsou-Jin-Hoang-ti), que gobernó de 1662 a 1722, y tuvo un reinado largo y glorioso; los misioneros jesuitas le llamaron el «Luis XIV de China».

A la derecha, Retrato del emperador Kangxi con traje de gala, de un pintor desconocido de la dinastía Qing. Seda coloreada. Museo Nacional del Palacio, Taipéi, Taiwán.

IMPRESIONES DE GONZÁLEZ DE MENDOZA

Fray Juan González de Mendoza, misionero español enviado a China por Felipe II, escribió la *Historia de las cosas más notables, ritos y costumbres del Gran Reino de la China*. Contaba que «los soldados de este reino son de dos maneras: los unos son naturales de la ciudad que guardan; y estos en su lengua los llaman CUM... Los otros soldados son extranjeros y se conciertan por años o meses; llámanse en su lengua PON». O su descripción de las unidades: «Tienen cada mil un capitán y un alférez; y cada ciento otro menor y otro alférez que dependen del mayor; y así, para saber la gente que hay en un ejército grandísimo y grueso, se saca fácilmente por las banderas de mil que son muy conocidas». También habla del adiestramiento y del armamento: «A todos estos soldados ejercitan cada mes los capitanes, aunque sea en tiempo de paz, en saber marchar en ordenanza, unas veces deprisa, otras despacio; en acometer y retirarse, según la señal del tambor, y en saber jugar las armas, que son de ordinario picas fuertes, rodelas, alfanjes y roncas, y otros como media luna, hachas de armas, dagas y arneses [...]. La gente de a caballo pelea con arcos y con lanzas y las dos espadas, y algunos con arcabuces».

CAÍDA DE PEKÍN Y GUERRA CIVIL CHINA

En 1644, Pekín fue saqueada por una coalición dirigida por el general rebelde Li Zicheng. Wu Sangui, el general jefe de los Ming, con solo 100.000 soldados, defendía Shanhaiguan, paso obligado de la Gran Muralla al nordeste de Pekín, y durante años había mantenido a los manchúes fuera de la capital. Después de tomar Pekín, Li Zicheng condujo un ejército de 600.000 hombres a enfrentarse a Wu Sangui. Cogido entre dos enemigos, Wu Sangui decidió negociar con los manchúes y se alió con el príncipe Dorgon, regente del emperador manchú Shunzhi (de seis años de edad), hijo de Hung Taiji, que había muerto el año anterior. Los dos ejércitos juntos derrotaron a las fuerzas rebeldes de Li Zicheng el 27 de mayo de 1644. El conflicto duró otros 17 años de luchas entre los legitimistas, los pretendientes y los rebeldes Ming.

JAPÓN DURANTE LA ÉPOCA DEL RENACIMIENTO EUROPEO

Al empezar el siglo XIV Japón seguía bajo el régimen del *bakofu*, en el que el poder lo detentaban los shogunes. En el siglo XIV recomenzaron en Japón las guerras civiles, que llevaron a la recuperación del poder por el emperador y al feudalismo. Algunos altos personajes se aprovecharon de la autoridad shogunal, cometieron numerosas exacciones y llegaron a atacar a los militares. Estos esperaban que la guerra civil les permitiera recuperar sus bienes y por eso fomentaron sediciones y revueltas. Los *kuges* (la nobleza burócrata) también creían que iban a recuperar su posición. Por este motivo hubo unos 250 años de guerras civiles en el Japón, hasta que, a principios del siglo XVII, Tokugawa Ieyasu restableció el orden en el Japón.

LOS SAMURÁIS, LOS «RONIN» Y SU CÓDIGO «BUSHIDO»

Durante este periodo apareció el código del honor denominado *yamato* o *bushido*, fundado en el confucionismo y el *zen*. Todos los samuráis lo respetaban y los *ronin* lo propagaron entre el pueblo. Los samuráis eran los antiguos campesinos-soldados a disposición del *daimio* (señor feudal) para el servicio del *tenno* (emperador); cuando desaparecía el peligro, quedaban a disposición del *daimio*.

En cada provincia eran pagados por el *daimio* correspondiente. Habían perdido el derecho a cultivar sus tierras, pero a cambio formaban una casta militar dedicada a la profesión de las armas. Llevaban una armadura y un casco que debía infundir terror; disfrutaban el privilegio de llevar dos sables. Tenían tres deberes básicos: una sola palabra, obedecer a un solo dueño y dar la vida por él. No podían casarse fuera de su casta. La calidad de samurái era hereditaria en todos los hijos, pero solamente el mayor heredaba la paga del padre. Los *ronin* eran samuráis sin dueño. Recorrían el país para proteger a los oprimidos y explicaban el *bushido* a las gentes del pueblo. Vivían de la caridad pública y, si tenían necesidad, del bandidaje.

LAS GUERRAS CIVILES Y EL ABANDONO DEL CÓDIGO DEL HONOR

Los siglos XV y XVI estuvieron marcados en Japón por las sangrientas guerras civiles. El país estaba dividido entre los *daimios* (grandes señores feudales), que se atacaban unos a otros para agrandar sus dominios a expensas de sus vecinos más débiles. En estas guerras el comportamiento se volvió cada vez menos caballeresco. Ya desde el final de las guerras Gempei los viejos samuráis se quejaban de que los más jóvenes hacían caso omiso del código del honor, tirando deliberadamente sobre los caballos o atacando a un enemigo que no estaba preparado para combatir. Se construyeron fortalezas y ciudades fortificadas adonde se trasladaron los samuráis, que habían abandonado sus tierras, para constituir las guarniciones. En el siglo XVI Japón estaba sumergido en el caos y el poder del *shogun* era casi tan ficticio como el del emperador.

LOS ARCABUCEROS EMPIEZAN A OBTENER VICTORIAS EN JAPÓN

En 1573 el gran general *daimio* Takeda Shingen cayó muerto de un arcabuzazo. Su hijo Takeda Katsuyori continuó las campañas de su padre hasta su derrota en la batalla de Nagashino, en 1575. En Nagashino, Katsuyori desplegó 15.000 hombres frente a los 38.000 soldados de Oda Nobunaga, un señor de la guerra implacable y el primero de los tres grandes unificadores del Ja-

---

Organización del imperio. El emperador Qing, Hijo del Cielo, era el señor absoluto de todo. Asistido por el Consejo de Estado y sus ministros, reinaba por medio de ocho virreyes, que gobernaban las 18 provincias del imperio. Las provincias estaban divididas en prefecturas, gobernadas por una jerarquía de funcionarios o mandarines que se reclutaban entre los letrados.

pón. Contra el consejo de sus generales, Katsuyori decidió atacar, contando con la superioridad de su caballería. Nobunaga desplegó detrás de unas empalizadas a sus 3.000 arcabuceros, adiestrados para disparar por filas mientras las otras recargaban. Los caballeros y sus acompañantes fueron abatidos antes de haber podido llegar al combate, cuerpo a cuerpo. A partir de este combate, los samuráis a caballo cesaron de ser los dueños absolutos del campo de batalla.

FIN DE LA ÉPOCA DE DESORDEN: LOS TOKUGAWA. SE PROHÍBEN LAS ARMAS DE FUEGO

El orden se restableció entre 1560 y 1616 gracias a tres hombres fuertes que restablecieron la autoridad del *shogun*: Oda Nobunaga, Toyotomi Hideyoshi y Tokugawa Ieyasu. Para lograr esta pacificación, emplearon muy adecuadamente las armas de fuego; pero luego Hideyoshi logró desarmar a todos los japoneses que no eran samuráis y, finalizadas las guerras civiles, Tokugawa Ieyasu prohibió totalmente las armas de fuego y convirtió al gobierno en el único poseedor de estas armas.

Nobunaga era un *daimio* que tenía un ejército pequeño, pero aguerrido; empezó interviniendo en disputas de herencias entre otros *daimios* y, cuando Yoshiteru, el penúltimo shogun de la dinastía Ashikaga, fue asesinado, Nobunaga apo-

Batalla de Nagashino, en una pintura de autor desconocido. Siglos XVII y XVIII.

POCO NOBLE PARA SER SHOGUN

Toyotomi Hideyoshi no era noble, sino el hijo de un carnicero, y tuvo problemas para alcanzar el poder. Además, era de pequeña talla y por eso y por su cara arrugada le apodaron «el Mono»; pero se distinguió a las órdenes de Oda Nobunaga y le acompañó en su ascenso al poder, convirtiéndose en uno de sus principales generales (el otro era Tokugawa Ieyasu, contra el que tuvo que combatir y llegar a un acuerdo en 1584). Como Hideyoshi no era noble, el emperador no le quiso nombrar shogun, sino kwampaku (dictador); pero Hideyoshi demostró que era tan buen hombre de estado como general. En la imagen, *Tokugawa Ieyasu. Kan̄o Tan'ȳu, en los albores del Periodo Edo.*

Detalle de la llegada de los portugueses a Japón en barco en el siglo XVI, durante el periodo Namban, pintura japonesa de los biombos de Namban. Autor desconocido (1600-1625).

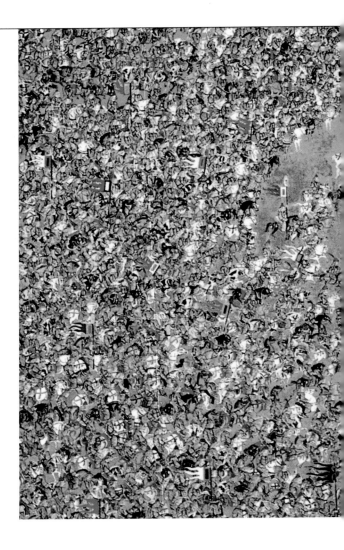

Los nuevos soldados: los «ashigaru» o pies ligeros. En estas guerras de nuevo cuño apareció un nuevo tipo de soldado el *ashigaru* o pies ligeros. Eran una infantería de pequeños propietarios que entró en combate por primera vez en la guerra de Onin (1467-1477), durante la cual los *daimios* se combatieron violentamente incluso en las calles de Kioto y tuvieron que convocar no solo a sus samuráis, sino también a reclutas de un tipo más modesto. Cuando aumentó la demanda de hombres para la guerra, se organizaron unidades de *ashigaru* con samuráis como oficiales. Como formaban la infantería de línea en la batalla, fue a ellos a los que se les confió la nueva arma, el arcabuz, cuando los comerciantes portugueses lo introdujeron en Japón a partir de 1560. Los primeros europeos que llegaron a Japón fueron los portugueses, luego los españoles y finalmente los holandeses. Después Japón se aisló y estuvo sin contactos con el extranjero desde 1641 hasta 1853.

yó a Yoshiaki, hermano de Yoshiteru y legítimo heredero. Cuando Yoshiaki intentó sustraerse al control de Nobunaga, en 1575, este le depuso y proclamó el final de la dinastía Ashikaga. Después se tuvo que enfrentar a todos los demás *daimios* para afirmar su poder; gracias a sus arcabuces derrotó a sus adversarios, condenó a muerte a sus jefes, arrasó los monasterios rebeldes y distribuyó sus tierras entre los que le seguían.

Cuando Nobunaga se suicidó en Kioto, en 1582, para no caer en manos de sus enemigos durante una sublevación militar, su general Toyotomi Hideyoshi heredó su posición. Era un gran general y tras una serie de difíciles y victoriosas campañas logró someter a la mayoría de los *daimios* y ciudades que se le oponían. Finalmente, los *daimios* le aceptaron como jefe y renunciaron a sus interminables guerras.